法律人在西藏

公益律师拉孜援藏笔记

闫　然／著

法律出版社 LAW PRESS · CHINA
——北京——

图书在版编目(CIP)数据

法律人在西藏：公益律师拉孜援藏笔记 / 闫然著
. --北京：法律出版社，2024
ISBN 978-7-5197-9064-6

Ⅰ. ①法… Ⅱ. ①闫… Ⅲ. ①法律援助-中国-文集
Ⅳ. ①D926-53

中国国家版本馆 CIP 数据核字(2024)第 083098 号

法律人在西藏
——公益律师拉孜援藏笔记
FALÜREN ZAI XIZANG
— GONGYI LÜSHI LAZI YUANZANG BIJI

闫 然 著

责任编辑 慕雪丹 章 雯
装帧设计 汪奇峰

出版发行 法律出版社
编辑统筹 法商出版分社
责任校对 赵明霞
责任印制 胡晓雅
经　　销 新华书店

开本 A5
印张 6.5　　字数 117 千
版本 2024 年 7 月第 1 版
印次 2024 年 7 月第 1 次印刷
印刷 北京金康利印刷有限公司

地址：北京市丰台区莲花池西里 7 号(100073)
网址：www.lawpress.com.cn
投稿邮箱：info@lawpress.com.cn
举报盗版邮箱：jbwq@lawpress.com.cn

销售电话：010-83938349
客服电话：010-83938350
咨询电话：010-63939796

书号：ISBN 978-7-5197-9064-6　　定价：68.00 元
凡购买本社图书，如有印装错误，我社负责退换。电话：010-83938349

国浩律师（拉孜）事务所进驻仪式

在拉孜县人民法院第一次开庭

国浩律师（拉孜）事务所收获人民群众送来的第一面锦旗

“国浩人文文库”总序

“求木之长者，必固其根本；欲流之远者，必浚其泉源”。对律师而言，专业是立身之本，文化则是滋养人文精神世界的重要源泉。法律理性与人文情怀相互交融、交相辉映，是法律事业“问渠那得清如许？为有源头活水来”之水，是法治征途中驱散阴霾、汇聚希望、生生不息之火，是“文能提笔安天下，武能上马定乾坤”之豪情，是穿越黑暗、趟过烈火、抵达梦想之炙热。

专业层面，国浩律师事务所鼓励律师成为“专家律师”“学者律师”，精研法律、著书“立说”、“立功、立德”。而人文层面，国浩律师的定位是“君子律师”，谦谦君子、坦荡荡君子、家国情怀君子。经过16年沉淀，“国浩法律文库”系列丛书已硕果累累、各放异彩。恰逢此时，“国浩人文文库”诞生，为法律人开辟一方“精神家园”。

律师是律师文化的建设者和传播者，是社会公平正义的捍卫者和实现“中国之治”的中坚力量。子曰：“质胜文则野，文胜质则史。文质彬彬，然后君子。” 面对变幻的现实，面对我们的新时代，如果我们都能秉持一种和谐的人文精神、君子之道，将传统的人文道德、仁爱之心、家国情怀融入律师固有的气质，无疑将为法治社会建设贡献更大的力量。

作为中国知名的法律服务执业机构之一，国浩律师事务所不仅致力提供优质的法律服务，而且在法治建设过程中努力承担起应有的责任和使命。2008 年，国浩发布了国内律师事务所中的首家社会责任报告，并始终用实际行动践行社会责任；2009 年，国浩开办《国浩人文》杂志，后又与时俱进通过国浩微信公众号开设“国浩人文”栏目，内容生动、意趣盎然，深受读者喜爱；近年来，国浩还设立了国浩公益业务委员会暨法律研究中心，创办了“国浩公益基金”，定期举办国浩读书会、国浩篮球赛、国浩开放日等文娱体育活动；自创、自编、自演大型律政话剧《代理人》，拍摄以律师为主人公的系列微电影，使人文关怀春风化雨，深入人心。

“国浩人文文库”系列丛书恰恰就是展现国浩律师人文精神的窗口、展示国浩人文关怀和社会责任的平台，更是社会各界朋友能够心意相通、情谊相连、志趣相投、道器相融的舞台。

文化如水，化雨流甘。如果阅读“国浩人文文库”能够成为“悦读”，如果读者朋友们能从中受益，我们将倍感欣慰。

国浩律师事务所

2023 年 11 月修订

序言　远山的呼唤

读罢国浩首批援藏律师闫然带回的珍贵手稿，提笔书写此序之时，第二批、第三批驻藏律师均已胜利回归，第四批援藏律师也已登陆高原。国浩律师援藏公益事业的种子，已扎根于祖国西南边陲，破高原冻土而出，向阳而生。

思绪不禁回到两年前：2022 年 7 月 8 日，在国浩上海办公室，国浩拉孜启动暨驻藏律师欢送仪式举行。我对大家说，今天的活动是庆祝活动，是感谢会议，是欢送仪式，也是壮行典礼，以表达对驻藏律师的敬意、对服务拉孜的敬佩、对青藏高原的敬畏。国浩设立拉孜办公室，既是政治任务圆满完成的安排，也是社会责任主动担当的彰显。国浩首批驻藏律师团队，刘鑫律师坚毅的目光透露出“不畏浮云遮望眼”的远见，闫然律师柔弱的身形中蕴含着“此心安处是吾乡”的坚强，寇博谭律师宽厚的肩膀体现着“力拔山兮气盖世”的豪气，三位律师的组合既有“百炼钢”也有“绕指柔”，既博大也精深，定能以马到成功的决心和信心，打好前战、打通路径、打实基础，在全体国浩律师的共同努力和支持下，做好驻藏法律服务工作。

此刻，跟随着闫然律师的一段段文字，回首两年多来国浩律师援藏经历，感慨万千，欣喜、欣然、欣慰！欣喜于国浩青年律师“勇闯世界之巅”的勇气和决心，这种精神令人敬佩、发人奋进；欣然于国浩人服务“国之大者”的情怀，社会责任主动担当，展现了国浩先进党员、优秀律师的风采；欣慰于一批批“冲锋”于雪山前线的新时代法律人，在行万里路、进万家门的同时，写万卷书，立功立言。闫然律师“以案说法”，通过一个个藏族同胞亲历的案件，展现出公益律师们如何在有特殊历史文化背景的少数民族聚集区，帮助人民群众解决法律上的疑难杂症；用日记体裁，生动细腻地记录了在藏区深处、雪域高原上基层法律服务市场参与者的“群像”，呈现了格外与众不同又波澜壮阔的边疆法治建设风景。

新时代面临着人民日益增长的美好生活需要和不平衡不充分的发展之间的矛盾，体现在法律服务供给方面，尤其是当下祖国西部经济欠发达地区及少数民族聚集区人民群众对公共法律服务日益增长的需求，对比中东部地区，特别是北京、上海等大城市高度发展的法律服务市场，这种不平衡不充分的情况更为明显。法律制度的完善、法律体系的健全、法律人才的培养、法律服务的优化从来不是一蹴而就的，而应在一代代法律人的摸索下、制度与市场的互动碰撞中不断得以实践并予以完善。为此，既要打通东部西部法律“智力输出”的帮扶渠道，对口支援，由东向西源源不断“输血”；又要扎根西部宣传法治，打造精通当地语言和风俗的地方青年律师后备人才库，实现本土健康持续地“造血”。

去年十月，我和国浩同事们风尘仆仆从上海飞抵拉萨后，次日即“一步登高”至海拔 4000 米的国浩拉孜办公室，开始了我们雪域高原上的援藏律师慰问之行、少年法治宣传之旅。与国浩驻藏律师对接，我们也重走着国浩人的入藏路，感受着援藏律师们的日常，深入藏族群众之中，回访接受过法律援助的藏胞家庭，和中小学生们座谈交流、宣讲法律，还给喜爱足球的“追风少年”送上踢球“装备”。亲身感受着高原缺氧、强紫外线、高寒干燥的自然环境挑战，面对着简朴的律师宿舍，站在堆满案卷的公共法律服务中心窗口，一批批国浩援藏律师艰苦朴素的作风、勇于担当的气概、不怕吃苦的干劲、集体主义的思想、自我修炼的形象更加立体且熠熠生辉。

作者在书中娓娓道来别具特色的法律援助过程，“岩羊案”“文物铁索桥案”这些颇具浓厚地域特色的案件，援藏律师所经历的现代文明与人类自然法权冲突、立法合理性和程序法实体法的碰撞，给我们律师群体形象地呈现了藏区特色法律需求和法治实践现状。一方面，脱贫攻坚的整体目标已完成，全面乡村振兴更要深入到祖国腹地、边境高原的每一个村镇角落，乡村法治和精准扶贫互为助力；另一方面，全面深入大众普法，提高各族人民法律素养和守法意识，做到扶贫同“扶志”、“扶智”相结合，制定法治宣传教育政策时也需要考虑民族与地区差异，做到全国通行与地方特点的结合。这些启示，无疑也给政府决策者提供了一些借鉴和参考。

明万历年间内阁首辅张居正曾有“天下之事不难于立法，而难于法之必行”的感慨，美国大法官霍姆斯亦言，“法律的生命一直并非逻辑，法律的生命一直是经验”。古今中外智慧相融，司法过程从不孤立，哲学、历史学、社会学、逻辑学、经济学，加之司法者个人经验，“知行合一”，方能“解码”区域法律服务需求，为人民群众提供优质高效法律服务。结合国浩援藏律师们深入藏区提供法律服务和法治宣传工作实际，我在本次援藏律师慰问之行返程后，结合之前参加的全国政协相关调研及参与司法部“八五”普法中期工作评估调研的经历，在今年全国“两会”期间提出了关于加快制定法治宣传教育法的提案。国浩援藏律师的生动实践，能够为我国立法奉献一点智慧，可谓善莫大焉。

北宋舒州通判王安石辞任路上路经褒禅山，不禁发出感慨，“世之奇伟、瑰怪、非常之观，常在于险远，而人之所罕至焉，故非有志者不能至也”。作者在一篇篇日记中，将其作为国浩首批援藏律师为期半年的亲身体验娓娓道来，深入浅出，用词细腻轻快，生动平实，打动人心。望而生畏的雪域高原，历史、民族、文化、法律，援藏律师的工作思考、藏地藏胞现实生活，在本书中如幅幅画卷徐徐展开，内容丰富、观察入微，令人反思更发人深省。在我看来，作者这本《法律人在西藏》的写作，除了讲述法律人的故事，还真正还原了藏区腹地社会文化和法律发展的现实面貌，也会让更多人关注青藏高原基层法律服务的需求，进而为祖国边疆法治建设奉献力量。

“在高原上工作，最稀缺的是氧气，最宝贵的是精神。”谨以此序，献给自信且坚定地奔赴藏地高原，为西藏法治建设奉献光和热的国浩公益律师们！让我们记住他们的名字：刘鑫、寇博谭、闫然、郑立秋、刘芊骅、徐文婕、史莉、魏心漪、周雨欣、李庆云。道阻且长，远山呼唤，法律人初心如一……

吕红兵

国浩律师事务所首席执行合伙人

2024 年 4 月 10 日于上海

目 录 CONTENTS

第三章 援藏生活侧影

第四章 法律人藏地观察

第五章 结语·再见，拉孜

第一章　题记·入藏

1.1　入藏记

2022年6月24日收到国浩律师（上海）事务所管理委员会“诚邀驻藏律师”的邮件后立马报名，7月1日接到了时任国浩上海办公室主任李强律师的电话，7月4日回到上海办公室见到了国浩律师事务所创始暨首席执行合伙人吕红兵律师，终于确认了我也可以作为首批公益援藏律师之一赴藏。从7月8日周五下午，国浩召开了隆重的“国浩拉孜启动暨驻藏律师欢送仪式”为我们三名首批援藏律师壮行，到“拉孜援藏后勤保障群”里国浩上海办公室行政总监胡颖老师、主管陈彦彬老师与日喀则市司法局、拉孜县司法局的紧张对接筹备，我们出发的日期终于确定了，寇博谭律师和我7月12日从上海出发，刘鑫律师和李强律师7月14日到拉萨与我们会合。

接下来就是紧凑忙碌的团队工作交接、研究入藏攻略、准备各种高原物资、打包邮寄半年的衣物、和每个客户每个项目的负责人沟通交接、和身边一直关心我们的同事们朋友们道别……

半年的国浩拉孜援藏公益律师“大计划”，就在20天之内，随着国浩律师事务所设立拉孜办公室为西藏“无律师县”提供公益法律援助的洪流，在热烈又温情、鼓励又关怀的氛围中，拉满了弓，“嗖”地一下，把我们从上海送到拉萨，马上又会送到日喀则，送到拉孜，送到祖国西南边疆的基层人民法院和藏地高原每个需要法律援助的角落。

我和寇博谭律师计划乘坐7月12日八点半的航班，从上海出发，在昆明转机拉萨，换乘绿皮火车到日喀则市，再换乘汽车到拉孜县报到。7月12日早上七点我还没赶到虹桥，就收到国浩上海办公室党委书记管建军律师的微信，说他人已经在登机口等着为我和寇博谭律师送行。其实我俩刚开始准备时，还莽莽撞撞地差点直接订了机票，打算和所里报备好就走，没想到国浩为我们准备了这么多情意满满的关怀，吕红兵首席为我们组织欢送会、李强律师亲自一路送我们到拉孜、管建军书记又一早跑到机场送行……这种强烈的仪式感不仅让我们把这次首批援藏工作看得更具深意更为神圣，也在国浩领导们同事们期许的眼神中，感受到了作为国浩拉孜办公室第一批建设者肩上更重的担子。

晚上七点半才落地拉萨贡嘎机场，特意带着吕红兵首席所著的《如何存在——与青年法律人谈心》一书，旅途时间不短可以静心来认真品读。走前能收到吕首席送的书和题的字，也是意料之外的收获。“嫣然若曦登高处，回眸一笑穷千里”，书中吕首席多次提到苏东坡的赤子之心、达观态度，“试问岭南应不好，却道，此心安处是吾乡”，感动于吕首席在欢送会上引用《定风波》此句形容我的“温柔”与“坚定”，其实这更是对我们的期待吧，始终保持欢喜自如、乐观坦然的态度，爱自己也爱周边环境，处处风景、满眼风光。

从哪一刻真正意识到自己已经来到了神秘藏地雪域高原了呢？当飞机从云南进入西藏高原上空，当无意间抬头向舷窗外一瞥，就是这一瞥让我呼吸紧促，心脏似乎停滞了三秒。

窗外薄薄的云层下是连绵耸立的高原山脉，上次抬眼望向窗外还是大朵云彩下云南大片茂绿的植被、散落的蚂蚁般的村落，而此时喜马拉雅山脉已用一种沉默厚重的震慑力在你眼前铺展开来。高原与你的距离仿佛像刚起飞时的机场跑道，山峦山峰已快触到机翼和你的鼻尖……瞬间你会明白什么是世界之巅、地球的脊梁，你会隐隐感受到人类与自然征服与被征服的较量，你会意识到不是你在俯视世界上最高的高原山脉，而是被它托举也被它裹挟。

从贡嘎机场出来，竟然看到了彩虹，好兆头！担心已久的高原反应在刚刚落地时并没有立马出现，但不能掉以轻心！

李强律师安排了他在全国律协青训营的同学——西藏方诺律师事务所的王献梅主任以及一位藏族同胞扎西多吉律师前来接

机。在聊天中得知，扎西多吉律师上个月才从国浩武汉办公室交流返藏，他与国浩武汉办公室往期援藏的胡斌律师工作相处融洽，方诺和国浩也有深厚的友谊。胡斌律师的慰问也和我们落地同步到达，除了工作生活的温馨提示，还告诉我们扎西多吉竟然是昌都市当地寺庙认定的转世活佛，也是仅有的律师活佛。我和寇律师还没来得及深入了解藏传佛教文化，对活佛的认识也还停留在班禅达赖、金瓶掣签的概念上，惊讶得不敢乱说话，但对藏传佛教文化的尊重和崇敬也诚意十足地表达出来，提供公益法律服务也要融入当地风俗文化才能施展开拳脚，才能做好文化交流维护好汉藏大团结，才能顺利完成我们的使命！

一路开车驶向市中心，沿途伴着扎西多吉的介绍，拉萨的全貌开始向我们一点点铺展开。我们住在药王宫附近的上海大厦，离布达拉宫、大昭寺、八廓街也很近。上海大厦的服务人员还特意为我们房间预留了制氧机。等我们办理好入住手续，随着刚下飞机的兴奋感渐渐散去，高原反应也开始慢慢出现，我和寇律师都开始觉得头重脚轻，像没吃饭上完体育课，头蒙蒙的还有感冒后期鼻炎感。寇律师开玩笑说，在上海嘉地中心楼下是海拔 0 米，到了 23 楼的办公室是海拔 70 多米，现在一下子到了拉萨变成海拔 3500 多米，没点反应都对不起这么高的海拔。我虽然安慰着说没事不怎么难受，但等换好衣服一照镜子，呵，这乌紫的嘴唇……心想不行的话明天试试制氧机的效果。

入藏第一天，晚上不知怎的，脑中一直在循环着那首《存在》的歌词——

谁知道我们　该去向何处

谁明白生命　已变为何物

是否找个借口　继续苟活

或是展翅高飞　保持愤怒

我该如何存在

2022年7月12日

于拉萨市上海大厦

1.2 日喀则的哈达如雪

7月12日，我和寇博谭律师先行抵达拉萨，在高原稀薄的氧气中，伴着昏昏沉沉的大脑和急促的呼吸。两天后，我们接到了来会合的国浩上海办公室李强律师和一同援藏的国浩拉孜办公室执行主任刘鑫律师。与我和寇律师从业仅五年尚属于初出茅庐不同，刘鑫律师曾是上海市高级人民法院刑二庭副庭长，在检察机关和人民法院工作近二十年，是真正的刑法学“大咖”和律师界推动刑事业务发展和刑辩律师服务的杰出力量，也是我和寇律师学习的楷模。

随着李强律师和刘鑫律师的到来，我们入藏四人组终于有了主心骨，和西藏自治区司法厅、商务厅、证监局、当地律师协会的交接汇报，和拉萨各友所的对接拜访开始紧锣密鼓地推动起来。

国浩律师事务所成立于1998年，是司法部批准组建的中国第一家集团性律师事务所，作为资本市场最为专业的法律服务提供者之一，二十多年来由国浩担任发行人法律顾问和承销商法律顾问的身影已遍及世界各大证券交易市场。即使在神秘藏地，也有国浩同事们的耕耘收获，2021 年在深交所注册上市的西藏多瑞医药股份有限公司便是我们勤勉服务的优质企业客户之一，这也是李强律师亲自辅导上市的成功案例。这次拜访西藏证监局，是国浩为了能进一步满足西藏自治区法律服务需求，为西藏地区客户提供专业法律服务，为持续国浩向祖国西南边疆的法治建设输送人才、输出智力支持做好准备的第一站。西藏自治区商务厅党组成员、副厅长苏斌老师对国浩本次援藏进驻拉孜表示了欢迎和鼓励。

为了对“初来乍到”的我们表示欢迎，李强律师在全国律协青训营的同学们——西藏方诺律师事务所的王献梅主任、西藏伟豪律师事务所的常凤龙主任、西藏国昂律师事务所的赫建斌律师、西藏冈仁律师事务所的曾荦荦律师等带着友所的同行伙伴们，从民族宗教思维方式、风土人情文化习俗，为我们介绍了西藏法律市场发展情况，也帮助我们更清晰地描绘梳理出未来开展法律公益援助的工作要点，以及如何将藏族聚居区文化与法律思维结合以使我们的法律援助可以更好地既“接地气”又“水土相服”。虽然大家来自不同的城市、不同的律所，但在谈到如何使法律服务在西藏高原上更好地落地扎根、开花结果时，无论是因律师职业素养还是法律人情怀，瞬间迸发出的激情、信念和思想火花都让我们感到似乎就是在自己的主场，高原边疆广阔天地，法律同仁大有可为！

既有忙碌的沟通对接，又有必要的适应休整，我们“国浩拉孜先遣四人组”在拉萨短暂的三天，在布达拉宫红顶白墙的映照下显得格外珍贵，这是我们迈入藏族聚居区的第一步，也为我们进驻拉孜开启国浩拉孜办公室未来征程打下了生理和心理的坚实基础。7 月 17 日，我们又打包好行李，告别了匆匆路过还没来得及探得真颜的布达拉宫、大昭寺、罗布林卡、摩崖石刻……带着这些神秘的名字，伴着我们对高原的敬畏和希冀，踏上了通往日喀则的绿皮车。

日喀则市位于青藏高原西南部，与尼泊尔、不丹、印度接壤，其间穿插着藏南高原和雅鲁藏布江流域。这里面积为 17.924 万平方公里，常住人口却不到 80 万人。世界第一高峰——珠穆朗玛峰就在辖区内的定日县。除了定日县，日喀则市还下辖包括我们要去的拉孜县在内 17 个县和 1 个市辖区（桑珠孜区）。这里的平均海拔在 4000 米以上，地处喜马拉雅、冈底斯、念青唐古拉三大山脉中段。空气稀薄、气压低、氧气少，太阳辐射强、紫外线强烈，气温偏低、年较差小、日较差大、年平均气温为 6.3℃，这便是日喀则最显著的特征，也是我们身体健康的挑战。好在日喀则市区内的和平机场每天都有一班飞往成都、重庆的航班，遇到紧急情况也可以争取在次日回到内地；和平机场海拔将近 4000 米，四周群山环绕，当之无愧是世界上海拔最高的机场之一。

自然条件的严酷阻挡不了藏地人文历史对我们的吸引，日喀则的桑珠孜宗堡和江孜古堡都是曾经著名的政教中心，可以在珠峰大本营直面世界之巅，探索雄伟壮丽的扎什伦布寺、白居寺、萨迦寺等一批著名藏传佛教圣地寺庙，远眺气势磅礴的喜马拉雅山脉和珠峰大本营（北大本营，另一个南大本营在尼泊尔）。其中扎什伦布寺由第一世达赖喇嘛于 1447 年建立，是日喀则最大的寺庙，同时也是藏传佛教格鲁派的四大寺庙之一，还是历代班禅喇嘛驻锡地，每年都会有络绎不绝的朝圣者围绕着扎什伦布寺转经；萨迦寺位于通往定日的路上，是藏传佛教萨迦派的主寺，寺中珍品浩瀚，文物繁多，尤以元代的壁画最具特色，被称为“第二个敦煌”。

坐惯了飞驰的高铁，拉萨到日喀则的小火车显得缓慢而格外有生机，车窗内是身着藏族服饰的阿姨、小朋友的笑闹声，车窗外的风景也随着日喀则的接近越发显现出高原本身的风采——连绵的青灰色山脉中，青稞田地和河谷交错分布，牦牛群星星点点，怪不得日喀则的藏语意为“土质最好的庄园”。

一出火车站，日喀则市司法局律工科科长加布便为我们每个人献上了洁白的哈达。终于踏上了日喀则的土地，市司法局也是国浩拉孜办公室的主管单位。加布科长的哈达似乎和高原上空的白云、珠峰的雪顶以及我们对西藏法治建设法律援助的崇敬庄重心情交融为一体，圣洁如云、灿烂如雪。

2022年是上海支援西藏日喀则27周年，这两座相距千里之遥的城市似乎半点关联都没有，但自1994年起，一颗东方之珠与一座古韵悠长的雪域山城密切地联系在了一起，先后有九批660多名援藏人才参加援藏建设，在这片广袤、神奇的大地上，随处可见上海援建的踪迹，被当地人称为“西藏的小上海”。除了教育、医疗、旅游资源的对口合作支持，当然也少不了我们上海律师同仁们的身影。

晚上，李强律师在日喀则的朋友孙红旗董事长热情接待了我们，上海市第一人民医院的援藏医生林之枫主任，已经在日喀则申请过两次延期、援藏四年的上海人张斌琦老师，三年前便从山东淄博入藏设立山东齐鲁（日喀则）律师事务所的袁天主任也和我们欢聚一堂。援藏的使命感、对公益事业的追求、用自身专业技能为祖国西部建设增砖加瓦的渴望，这些世界观人生观中共通的部分，已悄然把我们联结为一体，相视一眼便认定为志同道合的同志、共闯雪域高原并肩作战的战友，援藏情谊随着温热的酥油茶的香甜温暖了我们的周身，青稞饼牦牛肉下肚更为我们拉孜办旗开得胜、勇闯世界之巅增添了坚毅和勇气。

晚上入住山东省驻日喀则办事处的山东大厦，整装休息一夜，明天上午去市司法局报到汇报工作，下午就要驱车奔赴真正的目的地——拉孜县了。那里将是我们三人下半年挥洒汗水、奉献专业知识的法律援藏主战场，也是国浩为祖国西南边疆输送最专业法律公益服务的主战地。

等着我们的除了对身体、心理、专业能力的挑战和考验，还会有什么，又会给我们每个人留下些什么呢？带着期待、畅想和些许紧张忐忑，当然也带着鼻吸式制氧机，昏昏睡去……

2022年7月17日

于日喀则市山东大厦

1.3 入驻拉孜

7 月 18 日一早，“国浩拉孜先遣四人组”匆匆吃过早餐，男律师们换好西装打好领带，我则背上了从上海一路带来的“法治西藏，国浩担当”大旗，出发去拉孜办未来的主管单位——日喀则市司法局报到。上午到时，市司法局李松局长已经在办公室等着我们，罗顿副局长、周剑理科长、程欢科长、拉巴加布科长也在热烈又诚恳的氛围中分别为我们介绍了日喀则市法治建设各方面的工作。

全市目前仅有 5 家在当地注册的律所或分支机构，包括拉孜县在内的大部分县区还属于“无律师”状态。随着 2017 年司法部联合最高人民法院开展刑事案件律师辩护全覆盖试点以来，全国对包括刑事案件律师在内的律师需求更为迫切。2022 年 1 月，《中华人民共和国法律援助法》正式施行，司法部进一步鼓励支持律师事务所到中西部地区设立分所，选派优秀律师到分所执业；深入开展“1+1”中国法律援助志愿者行动，选派法律援助志愿律师主要到没有律师和律师资源严重不足的地区服务；持续开展“援藏律师服务团”项目，选派优秀律师到西藏提供法律援助和公益法律服务。

我们这次正是响应了司法部和上海律协“以地市为主统筹调配律师资源，采取对口支援等方式”提高法律援助服务能力的号召，不同于以往“1+1”法律援助单独志愿者报名行动的方式，而是在上海支援的日喀则市，在拉孜县设立办公室，以保证长期、稳定地从国浩全球36个办公室、5000多名优秀人才中挑选专业律师，为拉孜、为自治区法治建设源源不断输血造血。

中午吃过工作餐，李强律师便亲自开车带着我们马不停蹄开往最终目的地拉孜。拉孜县位于西藏自治区西南部，日喀则市的中部，距离市区150公里，距拉萨则有276公里。全县下辖9乡2镇，总面积4505平方公里，是上海市总面积的三分之二，总人口却只有6万多人，不到上海常住人口的千分之三。这里也是藏族同胞的聚居地，常住人口中的汉族人口基本都是像我们一样从外地来援藏的医生、干部。

拉孜最有人文代表性的名片莫过于“藏刀产地”和“堆谐之乡”，其中拉孜藏刀既可作生活用具，又可以用来防身和装饰，因为需要纯手工制作，其工艺十分复杂，有17道工序，现在还掌握传统铸造技艺的艺人已经不多了，往往需要提前很久到老艺人家里预约，“一刀难求”。另外，2019年1月9日，拉孜凭借堆谐（一种藏族舞蹈）入选 2018~2020 年度“中国民间文化艺术之乡”名单。

离终点越来越近，自驾路上大家一边说说笑笑，一边欣赏着路边的风景。318 国道是通往珠峰大本营的必经路线，路两边是大片大片的青稞田和油菜花，风吹花海，云浮蓝天，大朵大朵的白云以往只能透过飞机舷窗看到，而此刻它们就盘绕在两边的山腰上，矮矮地悬浮在头顶。也不同于内地大山名川之中的云雾缭绕，那种湿润感，像是一种氤氲的意境，而此刻抬头看到的云却是厚重、亲近、纯朴而原生态的，等着与你相拥入怀。

驶出市区接近两个小时，就来到了“地标”318 国道 5000 公里纪念碑处。318 国道 5000 公里纪念碑位于拉孜县热萨乡强公村，从上海人民广场的零公里点到拉孜县此处，恰好整整 5000 公里。“八千里路云和月”，刹那之间，距国浩上海办公室、距国浩“大本营”、距我们四人的来处，已隔万里。

第二天上午，披星戴月、千里迢迢，终于迎来了国浩律师（拉孜）事务所进驻仪式。拉孜县政法委书记、公安局局长米久，县司法局局长巴桑卓嘎和司法局的藏族同事次仁央宗、次丹央宗、宗曲，这些人将会在以后成为拉孜办最密切合作的同志、战友，成为既是我们输出能量、智力支撑的对象，又是我们在遇到困难时第一个想到求助的亲人、伙伴。

仪式上，李强律师也为米久书记、巴桑局长介绍了国浩律师事务所的发展历程、宗旨以及国浩拉孜办公室的未来使命。随着我们三位国浩拉孜办公室首批援藏律师的到来，首先便要保证公益律师法律援助的基石作用；其次也要做好政府机构的咨询顾问，为法治政府法治社会的建设助力护航，做好决策机关的智囊团；另外也要担负起向公检法相关部门交流经验以及广大藏族群众宣传普法的责任，通过讲座、专题培训、点对点辅导等各种方式交流分享，把东部律师在实战中积累的法律理解和适用经验带到祖国最西南边境、带到无律师县、带到最需要的藏地高原生根发芽，开出更先进的法治之花。

国浩上海行政部的胡颖老师和国浩品牌运营中心的吴乐怡也特别有心，在我们出发前特意给我们准备了带给日喀则市司法局和拉孜县司法局的小礼物——国浩出品镇纸，“法治西藏，国浩担当”，以青春热血奉献为笔，书公益法援法治之华章，爱国者浩，策国者浩！

从此刻开始，交接完成，整装上岗，未来可期，奋力前行……

2022 年 7 月 19 日

于拉孜县周转房

第二章　法援进行时

2.1 法援第一案

7月19日上午国浩入驻拉孜仪式刚刚结束，拉孜县司法局巴桑卓嘎局长便告诉我们赶紧准备21日的开庭。我们三个连宿舍都没来得及腾好，就赶紧先绷紧弦整理案件资料，联系安排看卷宗，准备出庭。

随着《中华人民共和国法律援助法》的正式施行，司法部也在加快推进刑事案件律师辩护全覆盖试点工作，《最高人民法院、司法部关于开展刑事案件律师辩护全覆盖试点工作的办法》《最高人民法院、司法部关于扩大刑事案件律师辩护全覆盖试点范围的通知》等相继颁布，当刑事案件被告人因经济困难没有能力委托辩护人时，法院可以指派有法律援助义务的律师提供辩护。我们遇到的第一案就是涉嫌强奸未遂的刑事案件，这可马虎不得。

搬出最初的资料从头看起，原来在我们出发前，拉孜县人民法院已于7月7日向拉孜县司法局法律援助中心发出了提供法律援助通知书和指定辩护公函，法律援助中心上报了将要来做公益律师的刘鑫律师和我的名字后，7 月 14 日拉孜县人民法院就向我们发出了出庭通知书。

刑事辩护是律师业务皇冠上的一颗明珠，因为涉及的法益太过重要，刑事判决结果不仅直接决定了被告人的定罪量刑、被害人能否得到公正的抚慰，也是在为社会提供自省的镜子，树立是非对错的衡量标尺。检察官、律师、法官，三方形成最稳定的正义三角，而律师的辩护意见，也是维护法律公正实施，保证被告人得到公正裁决的重要力量。

作为一名主要从事资本市场证券业务的非诉律师，我的刑诉知识储备似乎仅来自大学课堂、考研和司考备考。不论是大众印象中刑诉控辩双方慷慨激昂的交叉质证，还是民诉双方当事人或代理人当庭据理力争，跟我毕业这五年来从事的 IPO、并购重组、基金业务似乎都隔着不远不近的距离。第一次参与诉讼出庭，竟然就要担任涉嫌暴力犯罪刑事案件的辩护人，这对我的心理素质和知识储备来讲算是不小的挑战了。不过好在一起被指定辩护的还有刘鑫律师，刘律师曾是上海市高级人民法院刑二庭副庭长，之后投身律师行业，有二十多年刑事领域工作经验。有他来掌舵，“安心丸”是有了，而且对我这样的年轻人来说，也是很珍贵的学习机会！

7 月 21 日上午十点半，拉孜县人民法院开庭审理该案，由于案件涉及隐私此处不再展开，历经两个多小时的庭审，法官当庭判决强奸罪未遂，判处被告有期徒刑两年，缓刑三年，法院也部分采纳了我们辩方的建议，充分考虑了被告人犯罪情节的严重程度。

中午我们简单吃过工作餐后就回到司法局二楼的法律援助中心，不到下午三点半（北京时间，当地时差两个小时）上班时间，就已经来了很多藏族同胞等着我们来提供法律咨询、代写诉状。在这里，上过小学的藏族群众基本可以进行简单的汉语读写，而且还有司法局的次仁央宗、格桑普赤这几位在内地读过大学的可爱的藏族姑娘，会在我们遇到年长或者务农的藏族群众没办法直接进行清晰交流时，帮我们翻译。仅仅一个下午，三个人就接待了十几位来咨询的藏族群众，在第一天值班尚需笨手笨脚熟悉陌生的办公环境的情况下，我们为前来求助的藏族群众们起草了近十份诉状。

直到过了下班时间，全部来求助的藏族群众都得到了反馈离去后，我们三个才收好文件，回宿舍继续收拾行李"搬家"。

第一天开工，已经不能仅仅用"充实"来形容了，从上午的刑案开庭到下午的法律援助咨询，都是我执业生涯的首次尝试。白天在现场开庭、工作时似乎因为沉浸投入，并未有什么心情起伏和感情波澜，直到晚上收拾了宿舍回到暂住的周转房里，躺下后，我的脑海中便像放电影似的一帧帧开始回放：这两天从阅卷到辩护思路确定到会见被告人到庭审紧张快节奏的全过程，刘鑫律师手把手教我阅卷重点、辩护角度剖析、发言技巧、辩护律师的执业原则和红线等。

大家都说刑辩律师离真相和事实最近，更能观察到人性善恶、百态人生。和道德相比，法律已是人行为的最低标准，触犯法律是红线，然而，法律的具体条款都是一条条不同的红线，对应着不同的定罪和量刑。对旁观者、局外人来讲这似乎影响不大，可当身临其境，看到当事人都是一个个活生生的有故事、有家庭、有未来的人的时候，当看到的是一个个鲜活的生命主体而不是教科书中的张三李四的时候，就会体验到律师的感受，明白不同的定罪和刑期对当事人的影响，对所有涉案人员——尤其是无辜者——而言都是非同儿戏、举足轻重的事情。法院是公正的居中裁判者，而我们作为律师就是维护法律天平不向任一方倾斜的坚强卫士，我们的职责是捍卫法律的公正和尊严，保证托付给我们的人得到应得的对待、公正的裁决。

这是我在法学专业求学六年工作五年来，在读刑法课本、考司法考试、做证券律师时，从没有过的深刻体验。

2022年7月21日

于拉孜县周转房

2.2 第二案“濒危的岩羊”

7 月 25 日周一，我在日喀则市藏南医院做了心脏检查，万幸一切正常。然而，还没等下午回拉孜，我就接到通知，需要第二天会见刑事指定辩护被告人。7 月 26 日一早，拉孜县人民检察院的检察官也到了，坐着检察官的车一路向不知方向的郊区驶去，马上又要有很多人生中的第一次等着我——第一次去看守所、第一次独自会见、第一次做刑事案件共同犯罪被告人的第一辩护人。

这次案件涉及的罪名是在上海这样的城市里“新鲜、稀少”的——危害珍贵、濒危野生动物罪。从拿到卷宗开始，作为诉讼新人的我就在刘鑫律师和寇博谭律师的指导下，从最基本的法条开始还原整个案件的全貌。检察官指控三名被告人捕杀的珍稀野生动物是“岩羊”，岩羊是什么，我在脑海中搜索了一圈《动物世界》的画面，未果，还是从百度百科学起吧。

岩羊又叫崖羊、石羊、青羊等，其形态介于绵羊与山羊之间。

它的体形中等，通身均为青灰色，身体的颜色与草地上的裸露岩石极难分辨，因而有保护作用。雄兽和雌兽都有角，但雌兽的角很短，仅有13厘米左右，雄兽的角的长度为60厘米左右，因为特别粗大，显得十分雄伟。岩羊栖息在海拔2100~6300米的高山裸岩地带，有较强的耐寒性。其最大的特点是其攀登山峦的本领在动物中无与伦比，受惊时能在乱石间迅速跳跃，并攀上险峻陡峭的山崖。但它也有一个致命的弱点，即逃到山脊上以后，总要回过头来看一看，再飞奔而逃，而它往往在这个时候丧生（这难道不像“东北狍子”）。它们群体成员之间的依恋性很强，如果有的成员不幸死亡，其他成员常将死尸围住，不让兀鹫等食腐动物叼走。

岩羊由于遭到普遍的任意猎杀，2012年被列入世界自然保护联盟（IUCN）濒危物种红色名录 ver 3.1——低危（LC），也被列入中国国家重点保护野生动物名录二级。近年来由于国家的大力宣传保护以及封山禁牧、退耕还林等政策，岩羊数量才稳中有升，总量也由封山禁牧前的1万余只增加到2万只以上。

在该案中，三名被告人用农用尿素毒杀了9只岩羊，两名从犯被取保候审，由我进行指定辩护的主犯江某被羁押在市看守所内。三名被告人都已认罪认罚，我作为辩护人，要见证检察官和江某签署《认罪认罚具结书》。

《刑事诉讼法》第十五条规定，“犯罪嫌疑人、被告人自愿如实供述自己的罪行，承认指控的犯罪事实，愿意接受处罚的，可以依法从宽处理”。《刑事诉讼法》第三十六条规定，“法律援助机构可以在人民法院、看守所等场所派驻值班律师。犯罪嫌疑人、被告人没有委托辩护人，法律援助机构没有指派律师为其提供辩护的，由值班律师为犯罪嫌疑人、被告人提供法律咨询、程序选择建议、申请变更强制措施、对案件处理提出意见等法律帮助。人民法院、人民检察院、看守所应当告知犯罪嫌疑人、被告人有权约见值班律师，并为犯罪嫌疑人、被告人约见值班律师提供便利”。《刑事诉讼法》第一百七十四条第一款规定了自愿认罪认罚的程序，“犯罪嫌疑人自愿认罪，同意量刑建议和程序适用的，应当在辩护人或者值班律师在场的情况下签署认罪认罚具结书”。

“认罪认罚从宽”是犯罪嫌疑人、被告人一项重要的诉讼权利，对于事实清楚、证据确实充分、定性准确的案件，当事人又表示自愿认罪认罚的，人民法院一般应采纳检察院指控的罪名和量刑建议。由于当事人自愿认罪，辩护人和公诉方协商出适合当事人自身、体现从宽政策的量刑建议，同时也争取被害人的谅解，在充分协商中实现当事人合法利益的最大化。值班律师或者辩护人更应做全程参与者与推动者，而不是仅仅为司法机关“见证”或者“背书”。

这是我接手的第二个刑事案件，作为第一辩护人，我面对主犯江某还是百感交集，除了为他争取合法公正的判决结果之外，也为他感到惋惜。江某住在拉孜县彭措林乡，他和其他两名被告人一样，以放牧务农为生，藏语汉语他都不能读写。因为负债，家里的牲畜都抵押了出去，还有个患病卧床不能自理的老母亲。他的左手因为劳作已经掉了全部手指只剩拳头，家里贫困到已经不足以用家徒四壁来形容了。他杀岩羊是为了充饥，在“大方”地分了同行人一半后，将剩下的部分带回家给其母亲吃。

岩羊是国家二级重点野生保护动物，9 只岩羊的整体价值已经达到了 22.5 万元，属于情节严重。江某和其他被告人一样是文盲，以前只是听过要保护野生动物，可由于对法律知识的欠缺，不清楚到底什么是要保护的动物。但他归案后有坦白、提供另案线索立功情节，再加上认罪认罚从宽，由此为他争取从轻处罚。

8 月 4 日，该案宣判，我和寇博谭律师作为辩护人出庭。因为是在县里开庭，来了很多当事人的家属，他们都是穿藏族民族服饰的纯朴的农民牧民。在整个庭审现场和宣判现场，亲属们抹着眼泪，而当事人戴上手铐走前一直用充满期待又迫切的眼神看着我。判决结果出来了，3 年 7 个月实刑，罚金 5000 元。

结束后法官和我们聊到，你们以后有机会也亲自去他家里看看吧，他还有个卧床的老母亲，没亲眼看到就不知道多难，9 只岩羊鉴定了二十多万元，这次罚金只有 5000 元，既是法律不容触犯，也有对人情的考虑。

2022 年 4 月 9 日，《最高人民法院、最高人民检察院关于办理破坏野生动物资源刑事案件适用法律若干问题的解释》正式施行，其中重要的一点是调整了破坏野生动物资源犯罪的定罪量刑标准。以往司法解释中按照涉案动物的数量对相关犯罪定罪量刑的规定，已不能完全适应案件的复杂情况，鉴于该解释对破坏野生动物资源犯罪不再唯数量论，而改为以价值作为基本定罪量刑标准，以更好体现罪责刑相适应原则的要求。也正是该解释及时施行改变了江某的命运，不然按 2000 年发布的司法解释的数量标准，4 只岩羊已属于情节严重，达到 8 只便构成情节特别严重，依照《刑法》需判处 10 年以上有期徒刑，并处罚金或者没收财产。

人类自古以来就以捕猎为生，早期人类社会并没有保护动物的概念，这个案子正是现代文明与人类自然法权冲突的体现。法律也在不断进步和完善，作为普通百姓要懂法守法；作为立法者、法学家、法律人，更应该独立深入思考，以先驱者的精神推动立法的合理性和程序法实体法的进步。一方面，脱贫攻坚是基础，早在春秋时期管仲就提出“仓廪实而知礼节，衣食足而知荣辱”，乡村振兴更要深入祖国腹地西藏高原的每一个村镇角落。另一方面，大众普法也是关键，提高各族人民法律素养和守法意识，是包括公益律师在内的“法律共同体”义不容辞的责任。同时从完善立法的角度来看，各种罪名之间也需要协调，也需要考虑民族与地区差异。

没有反思，就不会有进步。曾经的流氓罪、投机倒把罪，也是随着时代进步、一代代法律人的探索推动才被取消；正是因为每一个时代人们的思考、试错和努力，才有了下一个时代社会和法治的推进。

法治建设，路漫漫其修远，科学立法、严格执法、公正司法、全民守法，不仅仅是社会主义法治的建设方针，还是依法治国的目标，法治文明和社会文明的征程仍在路上，吾辈定将上下而求索！

2022 年 8 月 4 日

于拉孜县人民法院宿舍

2.3　求助来找“窗口”律师

8月8日周一上午，我们到拉孜县司法局二楼的法律援助中心刚上班没一会儿，窗口又渐渐热闹起来。

听司法局援助科的藏族姑娘次仁央宗说，每周周一都是咨询人数最多、最繁忙的时候。果然，刚到十点半，藏族同胞已经挤满了窗口，排队咨询求助。我和刘鑫律师、寇博谭律师齐上阵，再叫来次仁央宗、次丹央宗一起来帮忙翻译，还有点接待不暇。

半个月的窗口咨询法律服务下来，最大的感受便是当地藏族同胞对“点对点、面对面”的一线法律援助的急迫需要。人作为群居性动物，不管是在乡下放养牦牛绵羊的牧民，或是以种植青稞、挖虫草为生的村民，还是聚居在街道上的居民，满足其基本的生存、生产需要都离不开现代文明下的生活互助和经济互动，法律服务是他们生活的一大需求。

之前提过，在2022年我们这批司法部、全国律协统一组织的公益援藏律师来之前，整个日喀则市仅有5家在当地注册的律所或分支机构，包括拉孜在内的大部分县区还处于“无律师县”状态。

更早的时候，也有热心公益的有志律师辞职或停职，以个人名义赴祖国各个艰苦地区，支援当地法律事业。但由于当时的公益法律援藏经验匮乏，缺少自上而下体系化、组织化的支持和指导，包括援藏律师在内的各地公益律师的热情和奉献火种，在祖国960万平方公里的广袤大地上很难连接成线并铺展开来织成一张无死角的援助网络，以惠及各个需要的偏远角落。

自2009年7月起，司法部开始探索“1+1”中国法律援助志愿者行动，每年组织一批律师志愿者、大学生志愿者或基层法律服务工作者，到中西部无律师县和律师资源短缺的贫困县服务一年。当时的“1+1”行动覆盖西藏、新疆、青海、甘肃、山西、内蒙古、黑龙江等地以及新疆生产建设兵团，包括老年人、未成年人、残疾人、妇女、农民工等在内的特殊群体都是“1+1”行动的受益对象。

到2019年，司法部启动了“援藏律师服务团”活动，三年来先后组织200多名志愿律师到西藏无律师县提供法律援助和公益法律服务。有了司法部的有力推动，越来越多的社会群体、法律人认识到并开始关注西藏地区法律市场发展的现实情况。当时的“援藏律师服务团”也成了律师公益法律服务的闪亮品牌，成了全国司法行政系统以实际行动落实“全国支援西藏”政策的重要举措和践行“司法为民、司法惠民”理念的“民生品牌”。

据不完全统计，14 年来，“1+1”行动已向祖国中西部地区的 400 多个县（区）派出法律援助志愿者 2200 余人次，办理法律援助案件 9.5 万余件，开展普法宣传和法治讲座 2.6 万余场次，化解群体性矛盾纠纷 3 万余起，为受援群众挽回经济损失或使受援群众取得合法经济利益 49 亿余元。“援藏律师服务团”的援藏律师先后办理法律援助案件 4700 余件，开展法律咨询 35 万人次，举办法治讲座 1000 余场，为当事人挽回经济损失 1.9 亿余元，越来越多的藏族同胞感受到了法治阳光的温暖，现代化法治之花也开始在青藏高原生根发芽。

2022 年，在经历了志愿律师多年的轮换“输血”后，司法部和全国律协开始尝试一种全新而更具生命力的“造血”方式，全国“无律师县”问题终于以 2022 年作为标志性的分水岭得到基本解决——在司法部和全国律协的统一号召下，至 2022 年 7 月中旬，全国 46 家律所的驻藏分所的执业核准基本完成，46 个“无律师县”将迎来属于他们自己的当地执业律师事务所分所，从此有了稳定和连续的执业律师来源。从此以后，在包括“刑事全覆盖”在内的必须有律师出庭辩护的情况下，当事人和司法机关再也不用翻山越岭、千里跋涉到周边的县或去日喀则市、拉萨市去请律师，在家门口便可以获得来自祖国东中部律师的专业法律支持和公益法律服务，曾经“无律师县”的群众也终于可以便捷地获得更持续稳定、全面高效的法律援助。

想到这些，再回过头来看着二楼法援中心满满一屋子焦急等着法律咨询的藏族群众们，更直接地体会到了在我们到来前就单独报名援藏的零散的公益律师们在没有当地分所的支援下，只身面对如此多的待援者时，他们力量的珍贵性和有限性。他们作为第一代的探路者和前行者，可能还要面对一人覆盖周边几个县区的法律需求的艰巨挑战，然而，当时提供的法律援助，犹如荒原火种，唤醒了当地群众对用法律守护安全和财产的意识、也点亮了诉诸法律守护公平正义的希望之光。

结束了一整天的窗口咨询，下班回到宿舍便迫不及待打开手机语音，把白天揣着的满满思绪一股脑儿和兰杭律师分享。来自四川致高律师事务所的宜宾姑娘兰杭，正是2021年度“援藏律师服务团”派驻在拉孜县的上一批援藏公益律师，也是我目前住的这间法院宿舍的“前主人”。

从7月确定出发到现在，兰杭律师一边和我们交接本县的法律援助工作，一边又热心地和我们分享在西藏海拔4500米的高原上的生存技能和生活经验。2021年兰杭律师来到拉孜时，还没有司法部和全国律协支持在当地直接设立执业律师事务所分所的“造血”的突破。她作为一名青年律师，也是一个女孩子，勇敢坚定地一个人默默坚守了一整年。当我们第一次来到司法局办公室兰律师的办公桌前时，都被她临走前整理装订的井井有条的卷宗资料和服务统计感染，一个柔弱女子在高原上坚毅担当和扎实输出的形象立马多维立体起来。

我们到拉孜时，兰杭律师已经援期结束返回了宜宾，这次没见上面虽略有遗憾，但近一个月的交流互动，使她早已变成了我们的好朋友和战友。

这样想来，一届届援藏服务是依法治国法律事业的传播和传递，而一批批公益律师的奔赴和交接，更像是法律人之间法律信仰的延续和递进。“传帮带”传的不只是事业和知识经验技能，更是在传递和延续一种法律信仰和理念，是法律人默契的一致坚守和慎思明辨、躬身践行的自省追求。

暮色四合，彤云向晚。结束了从拉孜通往宜宾的通话，抬眼透过卧室窗户，正好看到雪山顶上流动的潮红晚霞，像极了洁白的哈达捧起了一颗勃勃跳动的滚烫的心。

2022 年 8 月 8 日

于拉孜县人民法院宿舍

2.4 五千人后援团

“益欧早，关于拉孜县彭措林乡采矿许可证项目的法律备忘录已经发你了，里面是国浩拉孜办公室对您咨询问题的法律分析和建议，供城投公司和县交通局参考。下周一政府领导去市交通局沟通，如果还有任何法律问题，可随时与我们联系。”周五上午来到办公室给益西欧珠发出这份备忘录后，这两天我一直紧绷着的神经终于放松了一点。

藏族同胞益西欧珠是拉孜县国资委下属拉孜西部城市投资发展有限公司的经理，是从县财政局借调到城投公司的同志。两天前的周三上午，益西欧珠和他的同事拿了厚厚一沓资料来到了我们值班的司法局二楼法律援助中心。第一次见到这个藏族小伙子时，我还以为他也是来求助我们写起诉状的街道居民，连忙招呼他到窗口，问他能不能说一些汉语，需不需要找司法局的藏族同事翻译。

“不用翻译的，我能说汉语。您三位就是从上海来援藏的大律师吗？我是县国资委下属城投发展公司的益西欧珠，我们和县交通局遇到了关于公路开发建设和附近花岗岩矿项目的问题，需要法律咨询。之前咱们县里没有律所，政府部门遇到法律问题时，还得联系日喀则市司法局帮忙找律师。这次问其他局的同志，他们说今年有三名来自上海的援藏律师早就到司法局了，而且还设了律所，他们都已经找你们咨询过很多问题了，所以我才赶紧过来。”

原来这次他来找我们咨询的内容不是关于对群众们的法律援助或公益诉讼工作。一同来援藏的国浩拉孜办公室执行主任刘鑫律师是刑法领域的前辈，寇博谭律师在上海也是主攻诉讼，而我之前主要服务资本市场非诉领域，除了辅导上市、投融资并购和基金业务，和今天的政府咨询比较接近的常年法律顾问服务也是我日常工作内容之一，所以刘鑫律师让我先主要接待益西欧珠，弄清咨询者的诉求。

我拉着益西欧珠坐下，益西欧珠来不及喝口水就赶紧把抱着的厚厚一沓文件掏出来，开始认真又急切地跟我讲由于拉孜县彭措林乡花岗岩矿采矿许可证变更标高引发的关于吾木宗—昂仁日吾其段公路工程建设项目的争议及其背景。

半个多小时沟通下来，我发现这次的咨询问题涉及了采矿许可权、环评制度、公路规划等好几个法律关键点，监管法规还包括《中华人民共和国环境影响评价法》《中华人民共和国公路法》《矿产资源开采登记管理办法》《矿山生态环境保护与污染防治技术政策》《污染影响类建设项目重大变动清单（试行）》《西藏自治区生态环境保护监督管理办法》等多部法律以及部门规章、地方政府规章和规范文件，若其中的规定不一致，可能还得用上《中华人民共和国立法法》中规定的原则。更重要的是，这次的争议问题仅从益西欧珠的口头介绍就知道还牵扯到矿山“标高（深度）”、国道省道“可视范围”等很多专业知识点，而这些专业术语在我之前的证券业务中很少涉及。

这就是对律师的考验了——除了对基本的民商公司、刑事家事等各种诉讼专业知识的掌握，面对不同行业的服务对象、千差万别的困境难题，律师不仅需要深度掌握法律基本知识，对咨询对象的行业情况也要有基本甚至深入的了解，这样我们提供的法律建议才能既精准又具有可操作性，更“接地气”。

在国浩各地办公室里，每个专业领域都不缺乏富有经验的律师团队，同时还有包括资本市场、民商事诉讼与仲裁、刑事、知识产权、环境资源与基础设施业务在内的由国浩各地办公室最富经验的专业律师组成的二十余个业务委员会暨法律研究中心，刘鑫律师便是国浩刑事业务委员会的主任。

我把益西欧珠提出的问题、涉及的法益和我的思路一起向刘鑫律师、寇博谭律师做了概括。刘律师说专业背景问题不用担心，关于采矿权等自然资源法律事项，在咱们国浩也有非常专业的团队，国浩贵阳办公室的管理合伙人郑世红主任，就有处理生态环境保护和自然资源法律纠纷的丰富经验，我们去联系郑主任支援，让国浩贵阳办公室和拉孜办公室“联动”起来，邀请郑主任也来“云”援藏。

郑世红律师是贵阳市人大常委会立法咨询专家、贵州省生态环境厅常年法律顾问，他代理的全国首例公民个人提起的环境公益民事诉讼案件还被评为“2011 年全国十大公益诉讼”。我也曾在《中国律师》杂志上看过他发表的《美丽中国　律师护航——记全国首例生态环境损害赔偿磋商案》《贵州生态文明建设中的律师身影》等文章。

加上了郑世红律师的微信，刚一自报家门，说国浩拉孜办公室需要郑律师的支持，郑律师就直接把电话打了过来。电话里讲到这次咨询涉及的矿山“标高（深度）”“可视范围”这些关键词，郑律师立马指出了实践中经常出现争议的地方，并和我分析起接下来要注意的核心问题和工作思路，果然是行家！

益西欧珠离开前把这次涉及的采矿许可证、沟通批复等文件留给了我。我结束了和郑世红律师的电话，得把这次咨询情况的前因后果、事件重要环节和相关文件、几方主体的争议焦点和涉及的法规都书面梳理出来，先分析出一个初步意见，并尽快把梳理结果和初步意见发给郑律师，也能方便郑律师全面了解情况，更好地一起分析讨论得出更准确的法律意见。

周三晚上十二点多，我终于把拉孜城投公司咨询案件的初步梳理意见完成，发给了郑律师。益西欧珠走前还恳切地说，县领导下周一要去市里专门沟通这个情况，如果本周能拿到法律意见就最好了。周三发给郑律师初步意见，周四希望郑律师能挤出时间再反馈给我，我再进行调整。

周四中午，还没到午饭时间，我便接到了郑律师的电话。对于我昨晚梳理的初步意见，郑律师又认认真真追问了很多细节，讲了他的想法和需要再进一步向益西欧珠核实确认的地方。放下电话，我把刚才郑律师提到的几处待确认问题和修改意见都逐条记了下来，果然还是要进一步完善。下午益西欧珠也第一时间补充了昨天缺漏的信息和资料，使郑律师和我的困惑也逐步清晰了起来。晚上快下班的时候，更新的法律备忘录成形，我又发给了郑律师。看来郑律师也要陪着我加班了，八点多的时候微信再次响起，郑律师最后的提示和修改意见也同步了过来。确认、修订、保存一气呵成，明天一早就可以及时发给益西欧珠了！

周五一早就是日记开头的那一幕。拿到法律备忘录的益西欧珠立马发来了语音："太好了，我们马上拿去研究。你们三位果然是上海的大律师，挺厉害的，等反馈新的问题后还得再来咨询你们，感谢了！"

"别客气了，政府法律咨询也是我们国浩拉孜办公室公益法律援藏的一部分！”

自 8 月西藏地区经受疫情考验以来，拉孜县政府各部门为了更好地平衡防控疫情和保障居民生产生活，政府的法律咨询需求也增加了许多。不仅这次国浩贵阳办公室主任郑世红律师全力提供支持，之前拉孜交通局的吴先国局长也咨询过关于芒普乡普村至扎木加村、公琼村公路工程项目的法律问题，当时我们也找到了国浩上海办公室管理合伙人陈枫律师求助。陈枫律师是复旦大学法律硕士、上海高级金融学院金融管理博士，国浩公司破产管理业务委员会暨法律研究中心副主任、国浩上海办公室破产业务负责人，执业近 20 年。陈律师和其团队的鞠宏钰律师也毫不推辞，就其中涉及的专业问题详细地和我们一起分析，协助整理法律意见。

益西欧珠拿到我们给出的法律备忘录时，只看到了在拉孜办公室值班做法律援助的我们三个援藏律师，但他可能还没想到，其实在法律援助中心窗口的我们三人本身也是个“窗口”，后面连通的是国浩上海办公室、是国浩各地办公室的逾 5000 名律师同事，而国浩拉孜办公室更是一个“通道”，输出的不光是三名援藏律师的公益服务，更是包括整个国浩律师事务所全体律师在内的祖国东部中部广大律师群体对西藏法律事业发展的密切关注和执业经验的智力支持。支撑着我们三个国浩首批援藏律师横跨大半个中国，从祖国最东部沿海飞来最西南边疆的藏地高原上提供法律服务的勇气，远不止自己的一腔热情，更是国浩这“五千人后援团”给的自信和底气。

2022 年 9 月 23 日

于拉孜县人民法院宿舍

2.5　窗口援助：哭泣的阿佳

2022年1月1日起，《中华人民共和国法律援助法》正式施行，这是我国第一部关于法律援助的综合性、基础性及加强公共法律服务均等化的法律。其第二十二条规定，法律援助机构可以组织法律援助人员依法提供下列形式的法律援助服务：（一）法律咨询；（二）代拟法律文书；（三）刑事辩护与代理；（四）民事案件、行政案件、国家赔偿案件的诉讼代理及非诉讼代理；（五）值班律师法律帮助；（六）劳动争议调解与仲裁代理；（七）法律、法规、规章规定的其他形式。第二十三条规定，法律援助机构应当通过服务窗口、电话、网络等多种方式提供法律咨询服务；提示当事人享有依法申请法律援助的权利，并告知申请法律援助的条件和程序。

在国浩拉孜办公室，我们这三个援藏律师日常工作除了上述第二十二条第三项、第四项的工作，即配合当地公检法机关和司法局法律援助中心的指派承接公益诉讼工作，或者做公益法律培训、送法下乡工作，我们在不出庭、不外出普法培训的时候，一般在司法局二楼的法律援助中心窗口值班，接待藏族群众的各类法律咨询，为他们写起诉状、执行申请以及协议等各种法律文件。

8 月拉孜县因为藏族聚居区疫情开始静默管理，9 月逐步放开恢复正常生产生活。10 月初整个西藏的疫情态势稳定起来，日喀则终于在全市范围内解除隔离，取消道路关卡，跨县区乃至进出西藏都恢复了常态化，藏族聚居区人民的人口流动和经济活动都随之急速反弹。前段时间，我们只能通过线上办公的方式跟进检察院、法院的案件，通过公众号留言的方式普法，通过电话微信的方式为藏族群众和政府部门提供法律咨询，另外，没有了面对面沟通的方式，再加上乡下的农牧民进城困难，街道上的居民们估计会有很多没找到我们联系方式的，拉孜藏族群众们的法律咨询量明显被压抑住了。现在可以跨区自由流动，藏族农民工去阿里地区或藏族聚居区外打工也恢复正常，滞留在区外的藏族群众也能回家，人流量和经济都活跃了起来，之前被压抑的法援需要和疫情期间新增的矛盾都开始“报复性”爆发。

这周我们在法援中心值班的时候，明显感觉咨询量大于 8 月，其中还有一个不得不注意的特征，那就是背着孩子过来找我们咨询离婚和抚养权法律争议的藏族阿佳也多了起来。她们很多人实际年龄才二三十岁，但黝黑皮肤上深深的沟壑使她们看起来像四五十岁。她们有的会背着一个噙着奶嘴的孩子、胸前挂着一个酣睡的孩子、手里还牵着一个已经能够跑来跑去的大孩子，母子或母女一家子一起到窗口找我们求助。

这些藏族阿佳一进门，看到我们，眼神中都会闪过一丝为难或羞涩的迟疑眼神。等到司法局藏族女同事次仁央宗、次丹央宗、格桑普赤她们过来翻译，阿佳们才开始倾诉她们遭遇到的不公和作难的故事，情绪爆发后往往又会难以抑制地抽泣。看着她们或掩面或抹泪的样子，我不禁对做婚姻家事案件的律师的处境和心态感同身受。

由于西藏特殊的历史文化现实和发展程度，西藏地区有一定的法律变通执行权力——1981 年通过的《西藏自治区施行〈中华人民共和国婚姻法〉的变通条例》（2004 年修正）规定：结婚年龄，男不得早于二十周岁，女不得早于十八周岁。废除一夫多妻，一妻多夫等封建婚姻，对执行本条例之前形成的上述婚姻关系，凡不主动提出解除婚姻关系者，准予维持。对各少数民族传统的婚嫁仪式，在不妨害婚姻自由原则的前提下，应予尊重。禁止利用宗教干涉婚姻家庭。结婚、离婚必须履行登记手续。本条例自 1982 年 1 月 1 日起施行。凡本变通条例未加补充或变更的条款，均按中华人民共和国婚姻法的规定执行。

藏族婚俗习惯和汉族有很大的不同，旧婚俗多数是包办，一夫多妻、一妻多夫和一夫一妻并存；新婚俗提倡自由恋爱，一夫一妻制家庭占绝对多数。但因为地理、历史和经济的原因，一妻多夫的家庭形式在西藏昌都和日喀则等后藏地区的部分村庄仍然存在。我国西藏地区之所以会出现这种婚姻制度，主要跟旧时的藏族聚居区生存环境恶劣、生产力低下有关：高原可利用的耕地面积很少，恶劣的自然环境使小家庭的力量十分微弱，对以农牧业为生的藏族群众来说多些男丁可以壮大家庭力量。西藏有句俗语："一家分开，乞丐一堆。"在土司时期中小贵族的两个亲兄弟会娶一个妻子，以避免因为兄弟各娶一妻后分家导致家族实力削弱、财产分散；平民一妻多夫也是因为经济困难，无法承担分别娶妻的压力。藏族人民十分注重亲情和家庭伦理，藏传佛教也宣扬道德和仁爱，主张众生平等、慈悲为怀，受这种宗教教义的影响，藏族群众认为兄弟之间共享妻子与财产，始终保持家庭的团聚是一件善事。长兄迎娶妻子入门，等弟弟成年后就同样享有丈夫的权利；妻子生了孩子，无论子嗣出于谁，都称大哥为爸爸，其余为叔叔，不分亲疏远近。作为丈夫们的兄弟有不同的劳作分工，而妻子一般在家操持家务。结婚登记时，民政局只能为长兄和妻子开具结婚证，显示的依然是法律规定的一夫一妻；这家人的户口簿上则显示长兄为户主，女性是"妻子"，其他兄弟与户主的关系被标为"弟"，婚姻状况标注为"已婚"。这样的形式下，女性作为妻子的地位，其实并非“母系氏族社会”的保留或映射；与之相反，其是在自然条件和经济极端落后的情况下女性物化为“财产”的占有和分配的外在体现。

找我们求助的藏族阿佳们往往没上过学或小学毕业就辍学，在十二三岁时就被父母安排定了婚约。我见到最小的女性求助者十六岁时就已经有了两个孩子。婚娶时男方不用给彩礼，女方则需要准备嫁妆，若是非婚生子女，其生活费和教育费全部由生母负担。

《中华人民共和国反家庭暴力法》第十六条第一款规定，家庭暴力情节较轻，依法不给予治安管理处罚的，由公安机关对加害人给予批评教育或者出具告诫书。家庭暴力告诫书是家庭暴力情节较轻，依法不给予治安管理处罚的，公安机关决定对加害人给予告诫，禁止其实施家庭暴力而出具的法律文书，主要起到教育和震慑家庭暴力加害人的作用，也是今后人民法院认定家庭暴力事实的重要证据之一。我们接待过一位露出手臂上被殴打后形成的淤青给我们看的阿佳，我们帮助她联系了公安机关，拿到家庭暴力告诫书。

藏族同事说，现存的一妻多夫家庭中成员大都没有受过现代教育。现在很多年轻人都接受过高等教育，在内地读完大学后回到藏族聚居区的他们虽然能认同“一妻多夫”现象是一种传统民俗，但他们自己不会选择这样的婚姻模式。

坚赞才旦发表在《西藏研究》杂志上的《论兄弟型限制性一妻多夫家庭组织与生态动因——以真曲河谷为案例的实证分析》总结道："没有一个人能以纯净而无偏见的眼光来看待世界，他看见的是受一套特定的风俗习惯、制度和思想方式所修改过的世界。个人的生活史，首先就是适应他的社区中祖祖辈辈传下来的行为模式和准则的历史。一个人从诞生的时刻起，他出生后所处的风俗习惯就给他的经历和行为定了型。"

我们作为律师，很难在自己的成长背景下抛开观念束缚。但吕思勉在《中国通史》中提道："人类的婚姻，是以全无禁例始，逐渐发生加繁其禁例，即缩小其通婚的范围，而成为今日的形态（一夫一妻）的。"随着经济的发展，教育的普及，相信这种婚姻形式也将向一夫一妻制过渡，最终被一夫一妻制替代。

2022 年 11 月 4 日

于拉孜县司法局二楼法援中心

2.6　窗口援助：农民工的血汗钱

7月中旬刚入驻拉孜县，开始到司法局二楼的法律援助中心窗口值班的时候，县司法局的巴桑卓嘎局长便告诉我们，这个月12日县委书记席付平同志和县委副书记、县长索旦同志刚组织了全体“在家”的县级领导和小组成员单位负责人，召开了一场“根治拖欠农民工工资工作领导小组第二次会议暨根治欠薪工作推进会”。日喀则地区的藏族农民工去往阿里地区或者自治区外打工做建筑工人的情况特别多，所以帮助藏族农民工讨薪将会是我们法律援助工作的重点之一。

《中华人民共和国法律援助法》第三十一条中规定，请求确认劳动关系或者支付劳动报酬，因经济困难没有委托代理人的，可以向法律援助机构申请法律援助。用法律手段帮助藏族群众讨回被拖欠的工资，自然是我们这些援藏律师公益援助的分内之事。

没想到的是，今年下半年自治区内突然爆发的疫情导致很多工厂停工、农民工滞留，现在日喀则地区的藏族群众面临的拖欠工资问题更加严峻了。从周一到周五，每天都有三五成群甚至十几个结伴而来的工友找到我们，他们被拖欠工资的时间从几个月到两年不等。

一段时间的沟通咨询和法律援助下来，我们既被藏族群众纯朴直率的性格和纯净的内心深深感动，又为他们对劳动保护相关法律了解程度的不足和自我保护意识的缺乏而感到揪心。对于一部分受教育水平不高的藏族农民工来说，他们外出打工往往以村组或者亲属小群体为单位，他们中能够稍微读写一点藏语汉语的人自动担任组织者的角色，即小包工头。这些小包工头再带着一同外出务工的村民朋友们去和施工单位（大部分为分包、转包方）联系。他们和施工方之间往往没有劳动合同或劳务合同，甚至没有任何书面用工结算单据。等工程结束后，工程方清点完人头，便把约定好的工费（很多是口头约定）发给包工头，由包工头自行分发给农民工们。在这种用工方式下，存在包工头拿到工钱后拖欠着工友们不下发的情况，但更多的情况是这些纯朴的藏族工人根本找不到工程方结算。甚至还有些善良的包工头把自己的积蓄垫付给跟着他一起出门讨生活的亲戚、乡亲们，自己再背负着数个工友甚至十几个工友被拖欠的工资，艰难地踏上讨薪之路。

其实国家和西藏自治区一直都在努力地从立法、司法、执法各层面捍卫农民工的权益。

2016年1月17日，国务院办公厅《关于全面治理拖欠农民工工资问题的意见》正式实施。

2016年1月20日，司法部下发《关于做好2016年司法行政系统农民工工作的通知》，要求进一步加强农民工法律援助工作，扩大法律援助覆盖面，逐步调整法律援助经济困难标准和补充事项范围并建立动态调整机制，努力使法律援助惠及更多农民工。深化法律援助便民服务，推动法律援助便民服务窗口建设。围绕做好农民工工资支付工作，开展法律援助进企业、法律援助为农民工讨薪等专项行动，建立农民工讨薪“绿色通道”，对农民工申请支付劳动报酬和工伤赔偿免除经济困难审查，优先受理，优先审批，使农民工能够及时得到帮助。

紧接着人力资源和社会保障部审议通过的《拖欠农民工工资“黑名单”管理暂行办法》自2018年1月1日正式实施；西藏自治区人力资源和社会保障厅审议通过的《西藏自治区拖欠农民工工资“黑名单”管理暂行办法》自2018年6月22日正式实施；国务院第73次常务会议通过的《保障农民工工资支付条例》自2020年5月1日正式实施。

在藏族聚居区，因为农民工大部分流向工程建设领域，自治区司法机关和自治区住建厅一直在密切关注和努力改善西藏建筑工人管理现状和工资发放情况。

首先是从2015年开始的建筑工人实名制管理工作——2017年6月，西藏自治区解决企业拖欠工资问题联席会议办公室、西藏自治区人力资源和社会保障厅印发了《西藏自治区工程建设领域劳动用工实名制管理和工资银行代发实施办法》，办法自2017年10月1日执行；2019年3月西藏自治区住房和城乡建设厅又出台了《关于在全区工程建设领域试行建筑工人实名制管理的通知》，要求自2019年4月1日起全区范围内依法取得施工许可或开工报告的房屋、市政、能源、水利等在建工程全部试行建筑工人实名制管理。其次是整顿规范建筑市场乱象，解决由于工程款拨付不到位，或者因为工程违法发包、转包、分包、挂靠等导致的拖欠工资现象。

2021年，最高人民检察院印发《关于充分发挥检察职能作用，依法助力解决拖欠农民工工资问题的通知》，强调检察机关作为法律监督机关，以更优的检察履职助力解决拖欠农民工工资问题，依法惩治恶意欠薪违法犯罪，坚决维护农民工合法权益。到今年，日喀则市各县人民检察院都建立起依托与县人社部门的集信息共享、取证协助、联合调解的一体化农民工欠薪治理工作机制，为农民工讨薪开辟“绿色通道”，对该类案件快速受理、优先审查，努力让藏族群众获得更多的安全感和幸福感。

2022年11月10日上午我到法律援助中心值班，四名藏族大哥来到窗口，其中一名叫作索南达杰的藏族汉子给我们讲了他们遇到的麻烦：索南达杰住在拉孜县，1992年出生，年纪也不大。2019年年初，拉孜县某惠农农民施工队的负责人达某找到他，希望他在县城帮忙招募工人一起到阿里地区的工作点种树，索南达杰便喊上同村的三个发小，四人一起去达某在微信上发的地点，跟着施工队一起劳作。施工队和四个农民工都没签署书面劳动合同或用工单，每年工资结算的时候，达某就根据当时和索南达杰口头和微信约定的工资，通过微信转账的方式将四个人的报酬一起转给索南达杰。从2019年5月种树工程开始到2020年8月工程结束，四位农民工应得的工资共计人民币24550元，每次达某向索南达杰转账后，索南达杰都在当天将工资等分成四份微信转账给其他三个伙伴。

一直到今天四个人来窗口找到我们求助的时候，施工队还拖欠四个人合计8350元的工资未支付。

类似这样的农民工讨薪求助屡见不鲜，很多农民工甚至都不知道招工方的名字或企业的全称，也没有招工方法定代表人、总经理或者人事、财务人员的名字和联系电话。带他们去干活的组织者往往是自己的邻居或玩伴，出于信任和受限于自身文化水平，他们和施工方基本没签署过任何形式的书面用工文件，每个阶段的工作量和报酬清算也极少有书面单据。他们做工资结算就像这次农民工讨薪求助案件一样，招工方一并转款给一同来干活的年纪较大或者直接联系的一个人，这个所谓的“带头人”再将工资分配给其他兄弟们。因此当施工队或者招工方不及时支付报酬时，一起来的几个农民工兄弟都慌了阵脚——外出挣钱的农民工们往往缺少有关工资约定、用工结算的书面证据，能提供给我们的一般仅有当时招工联系人找到他们的微信聊天记录、电话录音、几人往返工地的报销车票和招工联系人每次给他们的微信转账记录。其他更有力的证据如劳动合同、多方签字的工作量结算单等书面文件，很少有藏族农民工有意识地要求用工方准备，并细心保留着当作未来可能帮助自己讨薪的证据。

针对这种情况，为了充分发挥司法机关的职能，检察院在12309 检察服务中心为农民工讨薪开辟了“绿色通道”，快速受理、优先审查。在办理拖欠农民工工资检察监督案件中，检察院运用调查核实、公开听证等方式查清案件事实，对申请人因客观原因确实无法获取证据的案件，通过帮助调查核实和向双方当事人询问的方式，收集证据，固定案件相关证据，避免当事人因缺乏证据而败诉。人民法院对农民工讨薪案件也启动了“支持起诉绿色通道”，实现案件“速调速结”。人民检察院、人民法院和司法局充分建立“支持起诉协作机制”，全力做好“诉前调解 + 支持起诉”工作，尽全力帮助人民群众特别是弱势群体维护自身合法权益。

我们作为公益律师，可以给农民工们免费提供法律咨询，代他们写起诉状和执行申请，帮他们进行劳动争议调解、仲裁和诉讼代理。我们还和法官们一起开展农民工专题普法工作，给藏族群众们拍视频、写维权宣传板报。这几个月，来我们法律援助窗口求助的农民工已有50多名，从他们刚找到我们维权时的焦急、愤慨和无助，到通过我们顺利找到检察官调查或通过法院起诉从而争取回了工资，这种实实在在的受益和成果，使越来越多的藏族群众对我们有了信心，对讨薪有了希望。

最近亲历这么多讨薪故事，自己也能感同身受地体会到外出务工的藏族群众们每一分血汗钱的来之不易。希望他们在外辛辛苦苦劳作了一年，都能够顺利要回属于自己的工资，平平安安返乡过冬，团聚过年。

2022年11月11日

于拉孜县司法局二楼法援中心

2.7 珠峰下的来客

一、接到电话

这周二上午，拉孜县人民检察院的检察官助理巴桑仓木决打来电话："闫律师你好，有个事你们能不能协助一下——我们旁边的定日县现在还没有常驻律师，他们最近有很多《法律援助法》规定的可以申请法律援助的刑事案件，需要值班律师见证，你们律所拉孜办公室能不能也帮定日县做法律援助呢？"

"小巴检察官好，你把我的联系方式发给定日县检察官吧，我们来沟通下看看能做什么。"

初见巴桑仓木决是在今年 7 月刚入驻拉孜的时候，我第一次去日喀则市看守所会见"岩羊案"的三名嫌疑人。从拉孜县城开车到日喀则市要将近四个小时，一路均为盘山公路，海拔多半在 4500 米以上，车道一边是喜马拉雅山脉黝青的险峻峭壁，一边是几乎没有护栏的悬崖陡坡，时不时还会有一群山羊或者牦牛到主路上大摇大摆。县城一天只有一班去市里的大巴，这样的路况，加上盘山路上身体容易反复的高原反应状态，以我的开车技术万万不敢轻易尝试。格桑德吉检察官和她的黄金搭档巴桑仓木决检察官助理主动联系到我，说如果我用车不方便的话就带我一起去，这样就不用担心我找不到地方了。

第二天我见到了这两位穿着深蓝色检察官制服、英姿飒爽的藏族姑娘，她俩一开口，说的是标准的普通话。路上聊到，她们都是在东部读完大学后，回到西藏建设家乡的。格桑德吉检察官毕业于中南财经政法大学法学院，巴桑仓木决检察官助理毕业于中国海洋大学法学院，两个人都将自身的兴趣、专业和人生理想结合到一起，学以致用。和藏族聚居区各个偏远地区的基层检察官一样，她们扎根高原，成为法治建设中最需要的公平正义的捍卫者。

二、定声小山

周二下午我加上了定日县吉宗检察官的微信。

定日在藏语中意为“定声小山”，传说有一位高僧喇嘛掷石，“定”的一声，落在该地。定日县也隶属于日喀则市，总人口6万多人，是西藏人口最多的边境大县，位置在拉孜县西南部，距拉孜县两小时车程，和尼泊尔接壤。定日县地处喜玛拉雅山脉中段，平均海拔5000米，县内8000米以上的高峰有4座，其中最耀眼的明珠就是举世瞩目的珠穆朗玛峰。

2020 年 12 月 8 日，国家主席习近平同尼泊尔总统班达里互致信函，共同宣布珠穆朗玛峰高程。习近平总书记指出，一年多来，两国团队克服种种困难，扎实开展工作，最终确定了基于全球高程基准的珠穆朗玛峰雪面最新高程为 8848.86 米。珠穆朗玛峰是中、尼两国世代友好的重要象征。两国将这一世界最高峰确立为中尼之间的界峰和“中尼友谊峰”，共建“一带一路”，跨喜马拉雅立体互联互通网络正从愿景变为现实。

2021 年 10 月 10 日，由西藏自治区体育局、中共日喀则市委、日喀则市人民政府主办，上海市第九批援藏干部联络组、日喀则市教育（体育）局、西藏登山队与携程集团承办的“世界之巅・攀登者论坛”在“扎西宗珠峰小镇”成功举办。珠峰小镇是上海市对口日喀则市援藏工作中助力日喀则实现脱贫攻坚和乡村振兴有效衔接的标杆项目。2021 年以来，在日喀则市委市政府的大力支持下，上海援藏工作组按照“文旅先导、三产融合、乡村振兴、智慧赋能”的工作思路，全力推进珠峰小镇建设，着力打造“环珠峰生态文化旅游圈”核心地标。此前国家体育总局委托西藏自治区体育局向日喀则授予“西藏日喀则国家高海拔登山训练基地”名称，这也是西藏首个国家级综合型高原训练基地，标志着以山地户外运动产业为重点的日喀则文旅产业迎来新的发展契机。未来上海援藏将聚焦乡村振兴战略，持续推进珠峰小镇建设。

查看“世界之巅·攀登者论坛”的影像资料，论坛现场还邀请了中国登山界17位登顶珠峰的登山勇士，包括1975年登顶九勇士代表罗则、桑珠，登顶中国14座8000米以上高峰的次仁多吉、边巴扎西和洛则，2008年北京奥运会珠峰火炬传递高山摄像阿旺罗布、传递引火手罗布占堆和传递火炬手次仁旺姆，完成登顶七大洲最高峰和徒步南北极的德庆欧珠，国内15次登顶珠峰纪录保持者扎西次仁和扎西平措，以及旺青索朗、鲁达和次仁扎西等国内著名登山运动员。

作为上海来的援藏律师，我们也要像上海援藏工作组一样，致敬老一辈攀登者、发扬新时代“珠峰精神”！

三、认罪认罚和值班律师

我和吉宗检察官沟通过，原来他们目前有几个醉驾案件的犯罪嫌疑人自愿认罪认罚，需要值班律师见证嫌疑人签署认罪认罚具结书。

我之前在“岩羊案”中也提到过我国刑事诉讼法中关于认罪认罚从宽制度、值班律师制度的基本规定，犯罪嫌疑人自愿认罪，同意量刑建议和程序适用的，应当在辩护人或者值班律师在场的情况下签署认罪认罚具结书。

认罪认罚从宽制度正式确立于2018年修正的《中华人民共和国刑事诉讼法》，这一强化效率的刑事速裁程序在此后的司法实践中越发体现出其对于推进基层刑事诉讼工作的支柱性意义。为平衡“强化效率”可能带来的体系性权力风险，作为立法“补强公正”的衡平措施，便是使刑事法律援助制度，准确而言系值班律师制度及指定辩护制度，它们贯穿于认罪认罚从宽制度的规范架构之中。

2019年10月11日，最高人民法院、最高人民检察院、公安部、国家安全部和司法部发布《关于适用认罪认罚从宽制度的指导意见》，其中便极为细致地规定了值班律师的职能与工作程序。

2020年5月11日，最高人民检察院发布《人民检察院办理认罪认罚案件监督管理办法》；同年8月20日，《法律援助值班律师工作办法》出台，再次明确了值班律师在认罪认罚从宽制度中的各项职能。同年10月，第十三届全国人大常委会第二十二次会议听取了《最高人民检察院关于人民检察院适用认罪认罚从宽制度情况的报告》，明确要求“人民检察院要发挥好主导作用，继续推进落实这项改革，坚持宽严相济的刑事政策，积极主动、准确规范适用认罪认罚从宽制度，该严则严、当宽则宽”，并提出了28条贯彻落实意见。

2021年12月3日，最高人民检察院印发《人民检察院办理认罪认罚案件开展量刑建议工作的指导意见》。

随着2022年1月1日《中华人民共和国法律援助法》的正式实施，作为法律援助重要实现舞台之一的认罪认罚从宽制度的规范化实施进一步得到保障。全国各地检察机关严格落实法律规定，努力为值班律师履职提供良好的条件和环境，保证律师依法执业，依法保障值班律师的会见权、赋予值班律师阅卷权、为派驻值班律师提供便利的办公条件、依法听取值班律师意见。律师和检察官通过协商沟通，在法律范围内最大限度保障犯罪嫌疑人合法权益，节约司法资源、提升司法办案效率，发挥包括律师在内的各方的力量，实现法律的公平正义。

吉宗检察官和我们商量好带着嫌疑人来拉孜找我们见证的时间，周四上午我们便准备好见证会议室等着他们。我们提前向吉宗检察官要到了这几件刑事案件的电子卷宗，提前阅卷、熟悉案情，值班律师不能只单纯地走程序流程，而是要向当事人进行法律和政策解释，提供法律援助和咨询，对疑难案件要深度参与，和检察官、犯罪嫌疑人进行实体量刑协商。

在藏族聚居区，我们见到的大部分犯罪嫌疑人都缺乏对认罪认罚从宽制度的了解。虽然有检察官为他们作释明和建议，但我们作为独立于公检法之外的法律专业群体、作为公益律师和值班律师，应当给他们作进一步的解释说明，帮助犯罪嫌疑人了解已经犯下的犯罪行为本身和认罪认罚制度的法律性质，才能让他们清楚认罪认罚、同意量刑建议以及选择速裁程序的法律后果，让他们真正解惑、安心地签署认罪认罚具结书或者进行申诉。这样经充分了解法律规定、自己权衡利弊后作出的正确选择，才能保证认罪认罚从宽制度实施的自愿性、合法性，同时从根本上消除犯罪嫌疑人自愿认罪的顾虑和隐忧。

下午完成本次的认罪认罚值班律师见证工作后，检察官和这几名犯罪嫌疑人返回定日前，吉宗检察官和同行的杨森检察官助理、杨翠军检察官助理再三谢过我们，说市司法局告诉他们国浩律师事务所已经到拉孜开设了办公室，而且拉孜办公室的执行主任刘鑫律师还曾到市司法局开过座谈会，给全市司法体系做过法律培训，来找他们求助准没错。

突然被市司法局和定日的检察官当面这样夸奖，我们还有点不好意思，来援藏做公益本来就是要尽力输出，不管自己的能量是大是小，能撑一把伞就撑一把伞……

2022年11月19日

于司法局二楼法律援助中心

2.8 失踪的二级文物

2022年11月29日，日喀则市拉孜县人民法院一审审理的彭措林铁索桥铁链盗窃案线下和线上同步开庭。由于日喀则市看守所的疫情防控措施，被告人久某、巴某、吉某线上出庭，而援藏伙伴刘鑫律师、寇博谭律师和我分别担任吉某、巴某、久某的辩护人。

今天这场开庭审理，牵动着自治区内司法系统上下和社会各界文物收藏人士、历史研究专家的心——三名被告人盗窃的是被认定为国家二级文物的15—16世纪拉孜县彭措林铁索桥铁链。面对侵害法益性质如此特别且关注度如此之高的案件，我们三个援藏律师从接到县检察院发来的《值班律师提供法律帮助通知书》、县司法局法律援助中心发出的《刑事指定值班律师公函》和《指派通知书》后，便提起十足的精神准备这场硬战。拿到检察院的《起诉书》《量刑建议调整书》和移送的全套证据卷、程序卷卷宗后，我们立即进入备战状态，开始全身心投入案情的研究中。

三名被告人盗窃的30环大桥铁链来自彭措林铁索桥，彭措林铁索桥位于拉孜县彭措林乡境内，建成于15世纪，迄今有600多年历史，属于国家二级文物。当年主持设计建造该桥的为建筑界著名藏族建筑师唐东杰布——唐东杰布是明代著名建筑师、藏戏的开山鼻祖，历来被藏族人民看作创造藏戏的“戏神”和修建桥梁的铁木工匠的“祖师”。唐东杰布年轻时深深感受到西藏地域辽阔、山高水险，恶劣的自然环境和极不发达的交通给藏族人民的生产生活造成了很大的不便。于是他不畏辛劳、跋山涉水，用演藏戏化缘得来的钱作为建设资金，调集大量能工巧匠，因地制宜，连年施工，一生中共建筑了58座铁索桥，被人们亲切地赞誉为“铁桥活佛”，成为藏族人民心目中创造、智慧和力量的化身。现存的彭措林铁索桥为研究西藏历史、西藏桥梁发展史和这一时期的历史人物、社会发展情况提供了重要资料，失窃的这30环大桥铁链上还保留有用古藏语记载的铭文。

三名被告人都住在昂仁县秋窝乡，2022年1月的一天，久某和巴某喝茶聊天时，久某无意间提到其听说唐东杰布时期的铁索桥铁链可以卖到上万元，巴某听说过拉孜县扎西岗乡旁达村就有类似的铁链，于是两个人又叫上同村的吉某，约定一起开车去扎西岗乡，看看能不能找到唐东杰布时期的铁索桥。三人借了车和切割器，在还没开到扎西岗乡旁达村时路过了彭措林乡，想起彭措林乡的铁索桥也是唐东杰布时期的遗址，三个人便停了车到彭措林铁索桥上一探究竟。他们走到铁索桥从南数第二个桥墩处，发现桥墩底部的石堆上堆有部分断裂的铁链，它们只用铁丝缠绕着绑在桥墩上，没有其他防护或标识。于是三人等到天黑后又返回到这里，解开缠绕的铁丝，每个人扛在肩膀上一部分就把这 30 环断裂的铁链装进后备箱带回了昂仁县秋窝乡家里。他们等到 2 月还没来得及将它们倒卖出售，拉孜县公安局已经顺利侦破案件，三名被告人对犯罪行为供认不讳。

《中华人民共和国刑法》第二百六十四条关于盗窃罪的规定为“盗窃公私财物，数额较大的，或者多次盗窃、入户盗窃、携带凶器盗窃、扒窃的，处三年以下有期徒刑、拘役或者管制，并处或者单处罚金；数额巨大或者有其他严重情节的，处三年以上十年以下有期徒刑，并处罚金；数额特别巨大或者有其他特别严重情节的，处十年以上有期徒刑或者无期徒刑，并处罚金或者没收财产”。

《最高人民法院、最高人民检察院关于办理妨害文物管理等刑事案件适用法律若干问题的解释》（法释〔2015〕23 号）第二条规定，盗窃一般文物、三级文物、二级以上文物的，应当分别认定为刑法第二百六十四条规定的“数额较大”“数额巨大”“数额特别巨大”。盗窃文物，无法确定文物等级，或者按照文物等级定罪量刑明显过轻或者过重的，按照盗窃的文物价值定罪量刑。

该案三名被告人属共同犯罪，涉案的彭措林乡铁索桥已明确为唐东杰布时期的国家二级文物，盗窃二级以上文物的，即认定为盗窃“数额特别巨大”，应处10年以上有期徒刑或者无期徒刑，并处罚金或者没收财产。

从被公安机关逮捕，到移送检察机关审查起诉，再到我们作为指定辩护律师进行会见，以及今天拉孜县人民法院开庭审理，三名被告人知晓了自身的诉讼权利义务和认罪认罚可能导致的法律后果，对他们被指控的犯罪事实和罪名也未提出异议，可是对于检察机关提出的盗窃国家二级文物属于“数额特别巨大”，应处10年以上有期徒刑或者无期徒刑，并处罚金或者没收财产的量刑建议，他们心理上还是无法接受这么严厉的刑罚。

在法庭上，我们作为辩护律师从他们系初犯、偶犯、主观恶性较小、具有坦白情节、认罪认罚且其行为未对文物造成严重破坏后果、社会危害性较低等角度，尽力为他们争取从轻处罚、从宽处理。在他们看来，他们其实并不知道这铁索桥竟然是这么珍贵的文物，盗窃时也只是“捡”了已经断裂的部分并没有对铁索桥破坏切割，也没想到偷铁索桥铁链竟然会被处以10年以上的刑罚。

这不禁让我回想起了今年8月初在拉孜县人民法院开庭审理的“岩羊案”，该案的三名被告人用尿素猎杀了9只属于国家二级重点保护野生动物的岩羊，9只岩羊的整体价值为22.5万元，属于情节严重。“岩羊案”的三名被告人和本案的被告人有相似之处——都是只听过要保护野生动物或要保护国家文物，可受限于文化水平不高和法律知识的欠缺，并不清楚要保护的动物或文物的具体性质；都是初犯，归案后也都主动坦白、认罪认罚。可是法律不容触犯，无知和不知并不能成为逃避惩罚的理由。

正如法官最后强调的，保护文物功在当代，利在千秋。历史文化遗产承载着中华民族的基因和血脉，不仅属于我们这一代人，也属于子孙后代，是加强社会主义精神文明和实现文化自信的深厚滋养。彭措林铁索桥作为具有历史、科学、艺术价值的不可再生、不可替代的二级文物，凝聚着先人的智慧，沉淀了千百年的历史，全社会应当筑牢安全底线，全面保护好这一历史文化遗产。

在藏族聚居区努力进行乡村振兴建设的同时，如果能有更多的法律工作者奔赴第一线，义务为藏族群众提供更多的普法宣传，让每个人对法律底线和守法有更深刻的认识；如果对当地珍贵文物有更切实的保护措施，同时积极宣传本地的重要文化遗址、名胜古迹，让每个居民都认识老祖宗留下的宝贵遗产、意识到要把祖辈的宝贵遗产管理守护好，那么，类似今天这三名被告人的悲剧或许能够避免。

2022 年 11 月 29 日

于拉孜县人民法院宿舍

2.9 拉孜办的诞生

从 2022 年 7 月 19 日我们三名援藏律师正式入驻拉孜，转眼间已经快满 5 个月了。国浩拉孜办公室作为国浩律师事务所位置最西南、海拔最高、最年轻也是人数最少的办公室，我们很有幸能作为第一批律师，见证它的新生和成长。这 5 个月里拉孜县政府和司法局的支持、国浩“大家庭”的后援、一路走来所有参与其中的人的配合和共同努力，点点细节，历历在目。国浩拉孜办公室就像一颗新芽，在喜马拉雅山脉的冰泉和雅鲁藏布江的沃水浇灌中破高原冻土而出，向阳而生，努力长成一棵参天大树，以期为藏族同胞们遮风挡雨，在西藏开出法治之花。

出发前，吕红兵首席给我们鼓劲儿，国浩又举办了“国浩拉孜启动暨驻藏律师欢送仪式”为我们三个壮行；国浩上海办公室行政胡颖老师和陈彦彬老师忙碌地给我们安排体检和保险、对接日喀则市和拉孜县司法局；国浩发展研究院的尤越老师和国浩品牌运营中心的吴乐怡老师细心地给我们准备需要带到拉孜的交接文件；出发当天国浩上海党委的管建军书记一早到虹桥机场等着，目送我们安检准备登机；李强律师也早已在拉萨等着和我们会合，不辞劳苦一路协调等我们到拉孜，完成交接。

这一路上让我们感动的不仅是国浩的领导和同事们的关心和支持，还有在拉萨和日喀则遇到的西藏当地律师们、上海来的援藏医生和援藏老师们、西藏当地的企业家们，他们在我们刚落地西藏时送上的热情和照顾，让我们在这片神秘的高原上少了很多胆怯和陌生，也让我们在高原反应最严重、胸闷头痛的时候，精神上有了更多的安慰，紧绷的神经也有了一丝放松。

刚到拉孜的第一天，县司法局巴桑卓嘎局长和同事们就开车到县城边界把我们接到司法局，带着我们一间一间地参观办公室，详细地向我们说明未来的工作重点、难点和找相关部门沟通求助的方式。巴桑卓嘎局长还特意嘱托宗曲、次丹央宗带着我们到海尔店里，为我们采购一些必要的家具电器，让我们可以尽快在自己的新宿舍里安顿下来。李强律师和县领导对接完援藏工作和拉孜办公室设立相关安排后，还开车帮我们从邮政局搬运寄来的大包行李，走前给我们配上被褥、锅碗瓢盆（后来在疫情静默时期发挥了不可替代的作用）。我们三个人就在严肃、热烈而又温暖的快节奏里驻扎了下来，准备迎接即将诞生的国浩律师（拉孜）事务所。

7 月 29 日，2021 年度“援藏律师服务团”启动仪式在西藏拉萨举行，国浩拉孜办公室执行主任刘鑫律师作为全体援藏律师代表在会上发言，把我们勇闯世界屋脊、克服任何艰难挑战提供公益法律服务的信念和决心传递到藏族聚居区内外。刘鑫律师也从日喀则市司法局领回了我们国浩律师（拉孜）事务所的正式执业证书正副本，从这天起我们的组织关系从上海调到了西藏拉孜，我们的律师执业资格证从上海市司法局转到日喀则市司法局，我们和国浩拉孜办公室一起“新生”，变成了雪域高原上的西藏律师。

开张之后的援藏服务工作，设所后续的刻章、开户、税务登记工作，服务工作的统计和底稿整理，对外沟通宣传和行政工作，所有一个正规律师事务所需要面临的挑战都一个不少、只增不减地扑面而来。我们虽然在开展法律援助时有足够的专业底气，但是谁也没经历过开设、经营律所的锻炼，只能靠自己、靠和国浩其他的老师们多沟通请教，摸索前行。

首先是日常的法律援助工作。窗口值班的法律咨询、包括“刑事全覆盖”和民事法律援助在内的公益诉讼、为政府部门提供法律咨询、为公检法司法共同体和藏族群众等提供全县范围的普法讲座和宣传教育……这么多的工作若只埋头前行，没有回顾、梳理和总结，可会乱了套。我们便摸索出了一套“工作台账”记录法，以不同类型的法援工作为区分，详细整理援助日、受援对象信息、受援事项类型和内容、援助方法和对应文件、对接司法部门和处理结果跟进、援助第一联系人等能想到的全部有用事项，以当天或当周为限持续统计更新。通过这个“工作台账”，我们可以直接、快速而准确地找到任何一个工作日处理的事项、援助的对象，也能很方便地统计国浩拉孜办公室和每个援藏律师的工作量，确认案件联系人、跟进案情、对接法官或受援人并及时反馈信息。在后面的日子里，“工作台账”记录法也使我们在繁杂甚至琐碎的法律援助工作中，能有条不紊地分工、统计、开展工作和对接跟进。

其次是对国浩拉孜办公室物资财产的管理。国浩充分照顾到我们的办公和生活需要，特意拨付了一笔款项作为拉孜办公室的启动资金。对这笔公款我们可要花在刀刃上，认真记录好每一笔开支，让大家放心，也让拉孜办公室能清晰健康地运营下去。于是我们借鉴了在上海做常年法律顾问服务时客户公司的财务记账法，并根据拉孜办公室的实际情况做了调整改进——用“拉孜办费用支出明细”记录每一笔支出的时间、事项、单价和数量、流向以及支付方式、发票和垫付报销，同样是记录了每一项能确认的细节。

此外，我们又制作统计了一张“拉孜办固定资产明细表”。拉孜办的启动资金逐渐减少，可拉孜办的固定资产、能为后续援藏律师们工作生活提供便利的必要设备逐渐多了起来，办公环境也越来越正式。

司法局巴桑局长为我们特批了三楼的一间办公室作为国浩拉孜办公室的注册登记地和独立办公室。在感谢和感动之余，我们赶紧联系远在上海的国浩品牌运营中心，确认标准的国浩LOGO和品牌版式；在司法局楼下、楼梯口、二楼服务中心窗口和三楼办公室，我们一寸一寸地丈量尺度，生怕有一丝误差；在县城内，我们找到了当地最大的广告文印店，定制国浩拉孜办公室的牌匾、标语和LOGO；我们还请司法局的同事们帮忙联系了专业的藏语翻译公司，帮我们把国浩拉孜办公室的信息、国浩律师事务所的执业理念和我们不远万里奔赴西藏致力于为藏族群众提供专业的公益法律服务的态度全都翻译成了藏族群众们熟悉的语言。

国浩拉孜办公室挂牌那天，兴奋的我突然又有种鼻子酸酸的感动，但很快这种酸酸甜甜的感觉就变成了一种荣誉感和责任感，变得严肃，变成一种无声的嘱托和无言的要求……

为了尽快把国浩拉孜办公室的公章刻出来，上个周末，刘鑫律师在全区范围内疫情解封，我们终于可以自由地到各地办公后，立即驱车前往日喀则市。市公安局的刻章窗口要求刻公章时律所法定代表人亲自到现场，这可有点麻烦了——拉孜办公室的主任杨向荣老师正远在千里之外不方便立即飞到拉孜。经说明和沟通，市公安局建议我们用委托办理的形式，由杨老师给我们出具公证机关公证过的委托书，这样就可以由我们三个直接办理。杨老师和上海办公室的行政姐姐陈彦彬也非常给力，立马联系上海公证处为我们加急做好公证文件。今天上午刘鑫律师再次来到市公安局办事大厅，终于刻好了拉孜办的全套公章、财务章、法人章。公章拿回拉孜后，我们迫不及待地在草纸上按了一下，红彤彤的鲜章似乎在纸上跳跃，在向我们招手展示这一个崭新办公室的希望和活力。

接下来还有银行开户和税务机关登记等。我们跑了拉孜县的农行支行、县税务局……一番下来，我们和当地的朋友们也都逐渐熟络了起来。大家都以自己的方式为国浩设立拉孜办公室、助力国家基本解决“无律师县”问题提供助力和支持。

随着来找我们咨询求助的藏族群众们越来越多，在拉孜县城不多的街道上，认识我们的街坊们也开始多了起来，大家都渐渐熟悉了我们这三张汉族面孔。

当隔离宿舍停水时，拉孜检察院的检察官助理曹镇山二话没说，把他存的备用水送来给我；当家人寄来大包裹时，电器店的店员小哥用货车帮我们拉快递；当我隔离在法院生病时，法官们和书记员们及时给我送来了胃药和止泻药，食堂杨师傅还给我做了一碗病号餐；当寇律师因降温而高反严重时，司法局的同事们第一时间买了瓶装氧气，连夜送到吉如村宿舍；当我们去上班的时候，路边小店里的阿佳和孩子们还会主动打招呼，跟我们喊“律师们你好呀”……点点滴滴都是最朴实直接的支持与爱。

在这里，我们见证着拉孜办的诞生，也在陪着它一起成长、一起感受、一起输出、一起探索发掘未来我们更大的能量……

2022 年 12 月 16 日

于拉孜县人民法院宿舍

2.10 “八五”普法小水滴

一、集中学习会

今天一大早，拉孜县的县委领导班子、人大代表、政协委员、政府各部门领导和法院院长、检察院检察长都来到县政府报告厅，今天是县委理论学习中心组2022年第14次集中学习会，刘鑫律师要给县里这些“在家”干部作专题法律辅导。二十大刚刚召开完，不仅是县领导们在积极学习，我们律师也在深入学习习近平法治思想、加强对党的二十大报告中提到的关于推进全面依法治国的重大部署的深刻认识。

今天这场专题法律培训，刘律师以《坚持习近平法治思想 严守底线不动摇》为主题，围绕习近平法治思想和党的二十大关于全面从严治党的要求，结合自己多年的工作经验和积累的丰富案例，给县领导班子全面介绍了刑法中关于贪污贿赂犯罪领域的法律问题。

我们进驻拉孜后，除了日常的窗口法律咨询，为前来求助的藏族群众们提供无偿法律咨询、代写各种文书，提供政府法律咨询以协助政府进一步保证行政合法性，代理属于“刑事全覆盖”和民事法律援助范围的公益诉讼这三个工作重点，第四个工作重点便是法律培训和普法宣传。普法和培训的对象不仅包括今天这样的政府机关，更多的是公检法司法共同体的法官们、检察官们和当地最需要认识和学习基本法律知识、提高法律意识的藏族群众们。

二、谁执法谁普法

去年中共西藏自治区委员会、西藏自治区人民政府转发了《自治区党委宣传部、自治区司法厅关于在全区开展法治宣传教育的第八个五年规划（2021—2025 年）》的通知，标志着全区“八五”普法工作正式拉开序幕，藏族聚居区的普法宣传工作已经走过了整整七个五年。

在拉孜，我们经常听到司法局巴桑卓嘎局长和宣传科旦增塔杰科长提到“谁执法谁普法、谁管理谁普法、谁服务谁普法、谁用工谁普法”的普法责任制。的确是这样，不仅司法局在努力以各种形式普法，我们经常接触的县法院法官们和检察院检察官们也都有自己的普法方式。我们三个援藏律师自然也和大家一起，不仅是相互督促学习提高，更要把普法宣传工作融入援助和办案中。

拉孜司法局人数不算多，以前宣传科举办普法活动，全局出动都忙不过来。现在有了援藏律师，宣传科的同事们在组织普法讲座、交流会时，我们主动要求做主讲人，和司法局一起多输出点法律知识、多扩大点受众对象。我们曾多次给中小学生讲解未成年人保护法、预防未成年人犯罪法等，既教会孩子们如何用法律武器保护自己，也能更好地防止未成年人违法犯罪的发生，另外，我们还特意向在场的老师们讲解了强制报告制度，强调当未成年人遭受侵害时一定要及时报案，确保未成年人的合法权益更早被保障。我们也曾联合法院、民族宗教事务局，去给寺庙的僧侣们宣传国家安全法、宗教事务条例、藏传佛教活佛转世管理办法，增强大家的中华民族共同体意识。我们还曾“送法律进军营”，给驻拉孜的武警部队官兵们作法治专题讲座，内容既包括现役军官法，又包括去年正式实施的军人地位和权益保障法、退役军人保障法，鼓励官兵们加强法律学习，提高自身法治意识，履行好当代军人的义务，也使他们了解熟悉国家给军人的优待保障制度，让他们在荣誉激励、待遇保障、抚恤优待等方面没有后顾之忧，激励官兵们更好地履行职责使命。

巴桑卓嘎局长跟我们讲，全区的第三产业在不断增长，县里的商业经济也恢复了活力，下一步普法宣传也要深入县里的中小企业和个体工商户，希望我们再多整理下给企业和职工普法的公司法、劳动法、劳动合同法、工会法、职业病防治法相关知识，和司法局同事们一起送法律进企业，送到拉孜的企业经营管理人员和藏汉职工身边。

在这个月初的“12·4国家宪法日”，包括司法局在内的全县普法成员单位都在大街上、在堆谐文化广场开展以“弘扬宪法精神 共建‘法治珠峰’”为主题的“宪法宣传周”活动。我们和司法局一起，从上个月就开始准备宣传材料、提前布置司法局门外的主干道老中尼路，在12月4日那一周摆出宣传咨询摊位、挂横幅，做小册子、发宣传单、画展板，给藏族老百姓们宣传宪法和与大家息息相关的刑法、民法典、治安管理处罚法、道路交通安全法、未成年人保护法、妇女权益保障法等。

因为我们有大量的公益诉讼援助工作，平时和法院的接触也非常多，加上我又住在法院宿舍大院，每天下班回家都能看到法院宣传长廊的双语普法信息不断更新。负责县法院后勤宣传的白玛曲珍是住我楼下宿舍的邻居，她跟我讲每天她都要准备很多新闻稿和普法宣传文章——拉孜法院2016年开通了微信公众号、2018年开通了门户网站、2021年也开始在抖音平台进行宣传普法。我们熟了后，白玛曲珍也会很认真地把初稿发给我，从专业知识到逻辑再到文法，一丝不苟地问意见做调整，力争让每个藏族群众都接收到更清晰准确的信息。到了给周边居民做普法宣传的开放学习日时，法官、法官助理、书记员、司法行政人员、司法警察都得全员上阵，提前准备学习资料、发动号召藏族群众来学习、给藏族群众答疑解惑……我们三个来了以后，对普法宣传讲座的工作当然义不容辞，这么大的工作量正好可以由我们分担，这也是我们公益法律服务的分内之事。

更奇特的经历是跟着法官的“流动法庭”下乡普法。拉孜县下辖 9 乡 2 镇，99 个行政村，全县 6 万多人分散在 4505 平方公里的面积上，因为藏族聚居区地广人稀，乡村农牧民群众来打官司的长途往返对他们来讲既耗工又耗时，所以法官在遇到偏远地区的农牧民打官司时，还会背上国徽、背起“西藏法院巡回审判”装备，开车下乡去藏族群众家里。支起帐篷、架起桌椅、调试好移动设备，有了这个车载流动法庭法官就可以在当事人家门口就地立案、就地结案。有了这个机会我们当然也不会放过，根据案情或者针对当地藏族群众最需要最常遇到的法律问题，我们会提前准备好相应领域的普法内容，跟着流动法庭一起下乡深入最基层，去给最偏远的藏族群众们提供更便利的学习法律的途径。听法官助理旦曲讲，“流动法庭”在今年上半年最远还驱车到 130 多公里外的昂仁县亚莫乡，利用周末时间帮农民工讨薪主持双方调解。

“谁执法谁普法”的普法责任制当然也对拉孜检察院和公安局有要求，除了传统的实体宣传栏、在县中心的堆谐文化广场摊位宣传，微信公众号、短视频平台等新媒体传播渠道在西藏同样流行——"拉孜检察""拉孜法院""平安西藏""西藏网警""西藏禁毒""西藏交警""西藏刑侦""西藏自治区反诈骗中心""西藏自治区扫黑办"等很多公众号，每天都在用藏族群众更便于理解的方式推送新闻和普法知识。

三、听得懂的语言　看得懂的文字

我们在给各部门做法律专项培训时，在跟着司法局、县里公检法司法机关一起给各界藏族群众做法治宣传时，发现基本所有的法律宣传单、培训手册甚至小视频字幕都是藏汉双语的。每个民族都有使用和发展本民族语言文字的自由，拉孜县常住人口 90% 以上是藏族，在这里藏语才是人们主要的交流工具。我在司法局办公室还见到过一本厚厚的《汉藏法律大词典》，查了资料后才知道这本书在 2002 年就由自治区检察院研究室的次仁顿珠经 20 多年的潜心研究完成了《汉藏法律词典》初稿，后来在此基础上有关部门组织西藏自治区藏语文工作委员会办公室和西藏自治区编译局的业务骨干，聘请汉藏翻译专家、辞书编撰专家，对初稿做了大量的筛选、修改和增补工作，经多方努力一直到 2011 年由法律出版社出版。这本宝藏工具书收录了词条 7662 个、汉藏文共计 288 万字，是我国迄今首部大型汉藏法律工具书，让藏族聚居区法官在使用双语开展司法审判活动时，能够保证法律术语汉藏互译更加统一、规范和准确，也让庭审和判决书书写更加便利。

扎根西藏，普法宣传要想不流于形式真正发挥作用，一定要让藏族群众们看得懂、懂得快、记得牢。来援藏的这几个月，我们三个都体会到面对部分学历不高的藏族朋友，帮助他们解决法律问题、给他们科普法律知识只能通过司法局同事的藏语翻译才能进行。当人手不够时，经验不丰富的新入职同事或者没有受过法律专业训练的同事很难准确又简明地把我们的问题和建议翻译成藏语反馈给求助的藏族群众，不懂藏语的我们也找不到更好的解决办法。

藏族聚居区的全民普法之路十分漫长，作为一个从祖国东部沿海城市深入藏族聚居区做公益法律服务的援藏律师，身临其境，才会由衷地呼吁语言学家、汉藏翻译工作者和通晓汉藏双语的法律工作者更多地关注藏族聚居区，了解藏族聚居区法治建设中对语言翻译的迫切需求。藏族群众们不仅需要专家教授翻译更多的法典、法律专著，也急切地盼望着更多翻译工作者能到基层的藏族群众身边来，给他们带来既专业精准又清晰易读、成体系的法律科普小册子、法律实用工具书，让普法宣传也能使用藏族群众的第一语言更好地深入开展。

明万历年间内阁首辅张居正曾有“天下之事不难于立法，而难于法之必行”的感慨。随着中国特色社会主义法治体系在立法层面的不断完善，难度更大的是让已有的法律得到良好的贯彻执行。改革开放和社会主义现代化建设时期，我们党就提出了“有法可依、有法必依、执法必严、违法必究”的方针，确立了依法治国基本方略，把建设社会主义法治国家确定为社会主义现代化的重要目标，逐步形成以宪法为核心的中国特色社会主义法律体系。[1]

“七五”普法期间，全区开展的各类法治宣传教育活动高达 17.9 万余场，法治讲座 3 万余场，发放宣传资料 2560 万份。我们这批援藏律师有幸加入 2021—2025 年全区开展法治宣传教育的第八个五年规划中，去学校、去寺庙、去部队、去企业、去到堆谐广场和大街小巷，我们和一个个共同努力普法的同事们就像一滴滴小水滴，千千万万的水滴争相奔赴汇入法治西藏的洪流，也终将汇成法治中国的浩瀚大海。

2022 年 12 月 22 日

于拉孜县人民法院宿舍

1 参见习近平：《坚持走中国特色社会主义法治道路 更好推进中国特色社会主义法治体系建设》，载《求是》2022 年第 4 期。

2.11 收获第一面锦旗

前天是周三，上午大家在司法局二楼法律援助中心值班时，一个汉族面孔的大哥来到我们窗口，一开口便是浓重的四川口音："听说这里有律师，你们是律师吗？我想请律师打官司。"我们以为又是像平常一样的咨询案件，便赶紧详问是什么情况。

四川大哥姓张，去年在一家湖南某建设公司的联网线路工程上做会计，给老板记账、记物料结算，还协助给工人记工时、结算工资。工程的铁塔立完后，工人都结算好了工资回家，但有个小包工头跟老板结算时有了矛盾，跟老板没谈妥，后来直接把张大哥给起诉了，自己莫名其妙变成了被告。因为对方在递交起诉状时两个人都在拉孜打工，案件被移送到了拉孜县人民法院审理。拉孜县人民法院通知他周五就要开庭了，可第一次当被告的张大哥什么应诉经验都没有，这会儿才到处打听找律师。有街坊上的藏族朋友跟他说，司法局来了三个援藏律师，一直帮藏族群众写诉状、打官司，就让他到这里来看看能不能找我们帮忙。

听起来这跟我们平时做的法律援助和公益诉讼不一样，并不属于“刑事全覆盖”、帮农民工讨薪或法律援助法中规定的其他可以提供公益援助的范围。一是我们援藏律师具有公益属性，二是每天还有很多需要援助的对象等着我们，我只能如实地跟张大哥解释，他的情况不属于我们提供法律援助免费诉讼的范围，而是一般的民事诉讼代理。

张大哥听懂了情况后，马上拉着我和刘鑫律师说：“不属于公益援助没关系的，我知道请律师需要付钱。可这个案子明明不是我的错，我还吃了官司成了被告。马上就要开庭了，我就是要来请律师帮我说理的。”

这可怎么办呢？我和刘律师面面相觑——这就是商业案件代理啊，现在都有人付费来找我们打官司了，之前还没遇到过这种情形，到底能不能接呢？刘律师一边让我进一步了解案情，安抚好张大哥，一边找司法局巴桑局长请示，并打电话给远在上海的国浩律师事务所汇报情况。

不久后刘律师回来了，他把我拉到窗口旁边的调解室，告诉我们要首先务必保证好援助当地藏族群众的公益律师基本属性。由于拉孜以前是“无律师县”，除了我们之外当地没有其他的律所，但很多非法律援助范围内的西藏人民确实也需要有专业的法律服务；现在我们不同于以往单独赴藏的律师，而是设立了国浩律师（拉孜）事务所且已经正式运营，以后会有稳定且源源不断的执业律师转入国浩拉孜办公室，甚至会在西藏直接培养法律人才、招募优秀律师，其自身的长期、健康发展也需要业务领域的扩展和当地市场的支持。总之，必须要在保证做好援藏律师日常公益诉讼的前提下，不辜负当地群众的委托信任。司法局巴桑局长也同意上海反馈来的意见，作为正式设立运营的律师事务所，我们可以在满足拉孜居民公益法律援助需求的同时，开展律所的正常业务。

问题解决了，对于我们来讲，这个案子不仅是国浩拉孜办公室承接的第一单商业诉讼案件，更是拉孜当地藏族群众们给介绍来的第一单案子，这说明在一定意义上我们已经被当地藏族群众们认可信赖，“有事儿找律师”也渐渐变成了他们的思维习惯。

刘鑫律师对我说：“小闫，就由你来担任我们拉孜办第一单商业诉讼案件的代理人吧，委托费用就按照《西藏自治区律师诉讼代理服务收费政府指导价标准》规定的计件收费标准的最低线。”“好嘞，绝不辜负群众的委托和国浩的信任！”

当我们的委托人知道拉孜办同意接这个案子，我作为指派代理律师会和他并肩作战一同出庭时，能明显看出张大哥深深舒了一口气，赶紧说：“感谢律师啊，那我下面要做什么呀？”

“感谢的话留着庭后再说，你跟我来，咱们再把细节好好过一遍，想想有什么证据。”

说干就干，我感觉自己已经进入开庭前几天的略微紧张兴奋的状态，拉着委托人让他重新细细回忆复述他在这个工程项目上干活的全部情况以及和原告、公司老板接触的来龙去脉。

原来在工程开工之时，项目组还缺工人，就到处找能承包的包工头，委托人张大哥因能写能记，在项目上一边帮老板做记账、记物料等杂事，一边也在帮工程到处找合适的工人。他找到原告带的小施工队，双方谈定价格后，一方面是因为公司公章还在湖南，另一方面是因为不规范的业务习惯，委托人直接以个人名义，和原告签订了施工协议。等到这次工程完工，项目组都结算完后，原告和另一个小包工头刘某一起，分别拿出了一个没有双方签章确认的误工费明细单，要求该建设公司的老板邓某另行支付这笔新提出的误工费，老板邓某和他们沟通后拒绝了支付误工费的要求。

因为和原告最早签订施工协议的人是张大哥，原告就直接以张大哥为被告提起了诉讼，并在起诉状中提出了两个论点：一是张大哥是该工程项目的负责人，应由张大哥支付建设施工费用即包工队工人的工资；二是诉讼请求指向的这笔费用不是“误工费”，而是未支付的“合同款”。

了解清楚原委后，事情的脉络和要点开始呈现出来。周五就要开庭，对当时的我们来说就是后天，时间已经很紧迫了，要立马行动起来整理证据、完成答辩状、准备证据清单。

针对第一个争议点被告张大哥的诉讼主体地位适不适格——虽然施工合同是被告签署，但我们整理资料后发现该项目后续湖南某建设公司和原告签了正式的分包合同、分包合同签署主体、项目材料设备购买合同的签署主体、项目工人工资结算的签章主体以及原告的施工费打款主体均为该建设公司，且相关单据都还有法定代表人邓某的签字和手印。当时在项目上的其他工人都明悉自己打工的企业是湖南某建设公司，邓某是给自己开工资的老板，张大哥本人的劳务费也是由该建设公司给他银行卡转账的。因为张大哥和公司之间也没签署正式劳务合同，我赶紧建议他第二天一早就去银行营业点打印银行流水，证明自己的雇佣身份；还要把上述分包合同、物资购买合同都准备好复印件；同时让他尽力联系邓某，争取邓某可以出庭证明张大哥的雇员身份。

第二个争议点是原告关于“误工费”的请求，该请求没有事实发生依据、明细单未经双方负责人结算盖章、未提供计算依据和文件支持——张大哥提供的资料里有一份原告和另一个包工头刘某最初找湖南某建设公司的邓某要“误工费”的没有签章确认的误工费明细单，各种项目金额合计正是诉讼请求的金额。另外，在张大哥和原告签订的施工合同中，第 3.2 条也已经约定了合同单价包含原告的人员工资、生活开支、误工费、人员进出场费、零星材料费、工器具费等现场一切费用。最后张大哥提到过包工头刘某在邓某拒绝他要求的“误工费”后，刘某已经放弃了再主张该款项，我赶紧让他也联系刘某，看能不能请刘某做证人证明当时原告主张“误工费”的实际情况。

周三送走张大哥后，我赶紧联系法官助理说明代理情况，递交委托书和答辩意见。周四我一边指导张大哥调银行流水、联系证人，一边在办公室打印材料、整理证据清单，所幸下午张大哥就拿回了工资流水，也成功联系上了愿意出庭作证的邓某和包工头刘某。太好了！就剩一下午准备时间了，我立刻又拿起电话打给法官助理，申请新增两位证人线上出庭作证。周五上午十点半开庭，前一天晚上我还要再和刚回来的张大哥最后过一遍证据清单，从心态和陈述上给他指导，可能是我也“年轻气盛”，跟委托人说到日落的时候，嗓子已经沙哑，快成“公鸭嗓”了，不管了，明天充满信心出庭。

周五到了，今天上午我和张大哥都早早来到了法院庭审现场。张大哥刚开始还是很紧张，一直在问我一会儿该说点啥，啥时候可以讲话。开庭后，我们一共出示了十项书证，另有两个证人；对方律师仅能提供出张大哥签字的最早的那份施工合同以及张大哥手写的工程结算单，没有任何证人证言。质证后的证人提问环节更加精彩，邓某和刘某先后上线作证，先是我提问、接着原告律师提问，最后法官再补充提问，随着我和邓某、刘某一点点还原案情，在我左手边坐着的张大哥也越来越有底气，声音也不再颤抖。等到下一个环节，我和对方律师长达一个小时的法庭辩论环节结束后，就到了原被告最后陈述的部分。昨天我还担心没有过出庭经验的张大哥会不会到这个环节紧张到说不出话或支支吾吾说不顺溜，但自信的力量终于战胜了经验的缺乏，不再害怕的他最后的发言清晰顺畅而有力，全部的庭审顺利结束。不出所料，对方律师提出和解，我和张大哥对视了一下，张大哥对法官说："不接受和解。"但稍稍出乎意料的是，原告和他的代理人商议后向法官申请撤诉了，国浩拉孜办公室的律师作为被告代理人的第一个商业诉讼案件，以对方撤诉的形式圆满谢幕。

十点半开庭，庭审结束我和张大哥走出法院时已经下午两点了。现在的张大哥"精神焕发"，走路都轻快多了，他拉着我往曲下路走，说："闫律师，别看你年纪不大，说话可真有条理。这两天能看出来你没少操心，今天的庭审我是没一点不满意的，哪怕就是今天审完了败了官司，我也没啥说的，没遗憾了。走咱俩吃午饭去，一定要请你吃个饭！"

"哪怕审完了败诉了，也没啥说的没遗憾了。"我心里默念了一遍张大哥的话，他能有这么高的评价，我可真是万万没想到。也是，如果我们能说尽委托人想说的话、能说的话，在有限的时间里做了全部的努力，庭审现场据理力争，把全部的准备情况都清晰呈现在法官面前，委托人即使没经验不专业，但他们的眼睛就是标尺，就是雪亮的镜子，你的付出和努力他们眼里都清清楚楚，心里都明明白白……

“别那么客气，我是你的代理人，这真是我们应该做的。也不用请吃饭了，同事应该在食堂给我留了一份。你在拉孜等着这个官司耽误很长时间了，不是说还要急着回趟四川吗，你先赶紧去忙你的吧，法院还有什么文件的话我来帮你。”

“这不行啊，我还是得谢谢你，咋能饭也不吃。你看我咋办呢？要不这样，我下午走前给你们送一面锦旗吧，挂在你们办公室，锦旗我上次去你们办公室看见过。我也没文化，你说我咋写呢？”张大哥说完就拉着我换了方向，往司法局方向走。

送锦旗！又是特别的意外和特别的惊喜，虽然很不好意思，但锦旗可不同于别的，在我们看来，这可真的是客户对我们的最高赞赏，是我们最高的荣誉了；国浩拉孜办公室的第一个商业案件如果能以委托人的锦旗画上圆满句号，那可真是最甜的胜利果实了。

我俩回到司法局后，巴桑卓嘎局长正好在二楼，听完张大哥激动地讲今天上午的庭审和要给我们送锦旗的想法，巴桑局长给张大哥提议，锦旗内容就写“尚法有德，仗义担当”。

“尚法有德，仗义担当”——这不正是对我们新征程最有力的鼓舞和新生的拉孜办最棒的开端吗？我便没再谢绝张大哥的好意，国浩拉孜办公室也有了自己的第一面锦旗。

2022年12月23日

于拉孜县人民法院宿舍

2.12 走访最可爱的人

今年的农历春节在 1 月 22 日，这周是春节前的倒数第二周了。国浩拉孜办公室第一期援藏时间为半年，去年 7 月 12 日大家从上海出发入藏，我们也计划下周 1 月 19 日从日喀则和平机场返回，完成任务回归组织。

留在藏地的最后两周并不是充满离别的伤感情愁的，而是比以往任何时候都来得忙碌——最后留给我们能在一线和藏族群众同吃同住，直面藏族群众求助的问题，直接参与藏地法治建设的时间不多了。所以现在待在拉孜的每天都格外珍贵，我们恨不得能分身，多写几份诉状、多接几个公益诉讼、多回答一些藏族群众们求助的法律问题。

走前除了要整理、装订好这半年的法律援助卷宗，统计好各项开展过的法律服务和国浩拉孜办公室运营记录，梳理汇报工作成果和待交接事项，还有一项我们一直在用心边摸索边开展的工作也需要加快进度，希望能赶在离开前再多用点功增加点素材——走访拉孜社会各界的藏族群众，直接聆听他们最需要解决的法律问题和最需要的法律援助方式，倾听他们的困难和建议。

这半年来，我们在司法局值班办公、到法院开庭辩护、见证检察官做认罪认罚、帮助县政府部门解决法律问题时，每一次共同办公协作的机会，都是向当地同事们了解提问的好机会。在我们来之前，拉孜县“无律师县”的窘境造成每次遇到属于法定的法律援助事项时，检察官、法官们都不得不联系日喀则市司法局，或者向更远的拉萨市请求调配律师援助，极度的不便利使保证案件处理期限变得更加困难。县里的检察官、法官和司法局法律科的同事们都是法学科班出身的法律人，可基层藏族群众对法律十分不了解，又没有广大律师群体的参与支持，大众普法的任务量大且开展十分艰难。政府部门严格要求依法行政，在很多项目和政府举措上也十分希望能倾听中立第三方律师提出的合法性分析和建议。

以上种种困难的解决，都需要依靠长期稳定的当地律所和驻藏律师保证持续的法律援助输出，并且从配合公益法律援助、深度参与普法宣传、为依法行政建言献策这最基本的三方面入手，加上为本土青年律师的培养提供锻炼机会和“手把手”的指导，把法律援助的“输血”慢慢过渡为“造血”。

我们平时生活中也都会主动和藏族老板唠嗑寒暄，向他们了解做生意时是否会遇到法律上的困扰，是否尝试过找懂法律的人咨询求助。半年里，小小的县城里几条主要街道的店铺商家基本都认识了我们这三张汉族人的面孔，也开始熟悉、认可、信任我们这三个外地来提供免费援助的律师了。从他们口中，我们也开始理解朴实直接的藏族群众们做生意的简单逻辑，开始能体会到他们为何可以基于朋友介绍的信任感而允许不签任何书面字据就借贷放款，也能理解他们在处理买卖货物、租赁房屋这样的大事时基于怎样的想法才会甚至不去了解交易对方的基本信息。我们也开始在一次次的接触中，在他们的咨询求助中，以不伤害藏族群众们质朴价值观的方式，告诉他们交易书面化的重要性以及在遇到争端后怎么收集证据以尽可能保护自己的合法权益。

午饭后回司法局上班的路上，我们经常遇到老中尼路和曲下路上修路的农民工们围坐在一起吃饭喝茶晒太阳。疫情解封后很多去阿里地区和藏族聚居区外务工的农民工开始返乡，每天也总有来法援中心求助讨薪的大哥找到我们。他们大都和同乡同村的亲戚、邻居、玩伴结伴奔赴千百里外打工，却不晓得还需要签一个劳动合同。面对不友善的用工方拖欠或者恣意克扣工钱，大多数善良老实的藏族群众会一直被逼到工程结束后几个月甚至几年，直到讨要无门，才尝试用法律武器做最后的一搏。这就需要有更多的法律专业人士拿出精力，对藏族群众进行普法、用法宣传工作。

食堂打饭的阿佳、司法局做清洁打扫的阿佳，还有更多来窗口咨询婚姻家事问题的阿佳，都在轻松的闲聊或委屈的哭诉中告诉我们，在藏地深处还有很多无助的妻子、少女或儿童面临着旧风俗习惯的压迫。不管是现存的一妻多夫还是一夫多妻制度，但凡遇人不淑，都会在一定意义上使丈夫变成对她们物化和摧残的工具和打手。女孩的受教育权、婚姻自主权、抚养权和基本的妇女儿童保证自身安全不受殴打的权利，其实都需要她们进一步自我意识的觉醒，当然也需要我们和整个社会环境的鼓励和保护。

在司法局门外的牛羊肉市场上，从农村赶来县城搭摊位的藏族群众大都是附近牧区的农牧民，我们下班时，看他们不忙就会借着买肉的机会聊一聊他们放牧、种青稞和外出挖虫草的情况。堆谐广场附近的皮衣店的老板经常要下乡收购牦牛和绵羊皮子，我们给家人定做羊羔皮背心时也会特意问一问他们下乡和牧民打交道时会不会遇到争议，向他们了解当地原始、自发形成的争端解决方式。离我宿舍最近的一家小超市开在法院大门对面，老板是刚毕业的大学生，在县政府鼓励大学生回乡创业的号召下开始了自己的小事业，我每次去买东西时年轻的老板也很愿意跟我分享他领到了政府支持基金，享受到当下支持政策的故事。

除了这些最平凡的普通人，包括拉孜在内的每一个藏族聚居区还有一些在东部不常见，在这里却很重要的角色。

在县城边缘驻扎着一支武警部队，他们守卫着祖国西南的边防，也守护着拉孜人民的生命财产安全。在准备“送法律进军营”给武警部队官兵们作法治专题讲座时，我们也很想找机会接触一线的军人，了解他们对军人地位和权益保障法、退役军人保障法中优待保障制度、荣誉激励、抚恤优待等的熟悉程度。

藏传佛教是藏族人民的精神寄托，在藏族聚居区大概有14万僧侣，占总人口的2%，宗教对藏族群众的衣、食、住、行、婚嫁丧葬、语言文字、医药医学和传统节日等各方面都产生着巨大影响。在联合法院、民族宗教事务局到县乡的寺庙里宣传国家安全法、宗教事务条例、藏传佛教活佛转世管理办法后，我们又找机会去了附近的几所寺庙。在附近的一所尼姑庵里，我们有幸受到了尼姑们的接待，她们向我们讲述了她们的成长故事和每日参经礼佛的戒律和日常生活。

另外，在藏族聚居区，藏族群众最接受的殡葬方式是水葬和天葬。藏族群众认为天葬能够使死者的灵魂得到解脱，只有善良诚实的人才可以得到天葬的待遇。水葬可以让死者回归到自然中，灵魂得以解脱，并在来生得到好运。拉孜县也有水葬台和天葬台，我们也跟着身边的藏族朋友参与过他们隆重肃穆的送别仪式，近距离感受生命轮回的震撼。

在一次外出走访的路上，我和同事们下车活动筋骨，正好遇到一位拄着拐杖的藏族老奶奶颤巍巍地小步走过来。看到我们一行人停在路边，老奶奶友善地向我们微笑点头。我们赶紧走上前扶着老奶奶，身边的藏族同事翻译道，奶奶是要去不远的寺庙里供奉酥油。我们让同事帮忙翻译，说可以开车带奶奶一程，可奶奶摆了摆手微笑着拒绝了这个建议。

就在我有些怅然不知道怎么提供帮助的时候，奶奶突然用没拄拐杖的那只手揉了揉我的肩膀，又给了我一个拥抱。此刻不再需要语言和翻译，我就像回到家乡见到自己奶奶的小女孩一样，忍不住立马又环起藏族奶奶的脖子，感受着长辈身上的温暖。

藏族奶奶很可爱，就像一路上遇到的帮助过我们的藏族朋友们一样可爱。在这里我们是援藏者，其实更应该说大家互相帮助，我们帮助他们解决法律问题、创造更好的法治环境，同时，他们也在帮我们寻得更洁净、更具感受力和更易获得幸福的心灵环境。

谁是最可爱的人？我想在这里，应该就是那些向往阳光也播撒阳光、内心充盈又踏实生活的千千万万最普通的藏族人吧。

2023 年 1 月 14 日

于拉孜县人民法院宿舍

第三章　援藏生活侧影

3.1 在“烈日”和“暴雨”下

“七月二十一日那天，天热得发了狂。太阳刚一出来，地上已经像下了火。一些似云非云似雾非雾的灰气低低地浮在空中，使人觉得憋气。一点风也没有。刘鑫律师和我在院子里看了看那灰红的天，喝了口白开水就走出去。”——改用下初中语文课文《骆驼祥子》第十八章的开篇。来到拉孜的第一周，7月21日，我一天之内经历了入藏后身体和精神上的第一个小高峰和小低谷。

7月21日是我们入驻拉孜后第一天开工，上午是首件刑案开庭，下午回到法律援助中心提供咨询，一整天精神都高度紧张。晚上刘鑫律师说要庆祝我们仨首战告捷，带着我和寇博谭律师到饭馆吃饭。结果菜还没上齐，寇博谭律师便捂着肚子说今天可能着凉了，高反严重，这会实在顶不住要回住的地方休息——可不是嘛，昨天白天拉孜县城还是二十多度，可今天一早天就阴了下来，我为了开庭特意穿了正装西服套裙，等到中午出了庭审大楼一下子就惊呆了，气温好像降了十几度一样，冷飕飕的，刮风还下起了雨。

李强律师开车来法院接我们，一起吃完饭他就要返回上海了。我本想先跑回住处找件厚衣服穿，可回去一打开行李箱就傻眼了——这才 7 月，出发时上海还是接近四十度的高温呢，我都算很有高原“风险意识”的了，箱子里放着长袖长裤、薄毛衣和西装外套，可这会儿就算全都套上也不管用。一出门感受到“来自喜马拉雅”的寒风，我脖子一缩，仿佛回到了要入冬的上海……刘鑫律师还是更有经验，穿上了冲锋衣，寇博谭律师也和我一样穿着件不厚的外套瑟瑟发抖。李强律师一路关怀备至，从拉萨送我们到拉孜，又当司机又当搬运工，帮我们买生活用品，事无巨细地对接工作和社会资源，一周的同行让我们三人对他的专业水准以及品行性格都赞叹不已。现在李强律师把我们安顿好后要回程，大家心里都很不舍也很感激，本应依依惜别多唠几句，可这会儿实在是太冷了——我低头看了下手机，这会儿气温已经从昨天的二十多度骤降到十度了，再低头感觉鼻涕马上就要流出来了。

李强律师开车走前朝车窗外的我们挥了挥手：“赶紧回去吧，太冷了别送了，一路送过来把你们放在这么远的地方自己走，再说一会儿我心里就更不好受了。你们在拉孜安心工作，有任何困难都告诉所里，有我们做后盾。等到你们凯旋的时候，再远也去接你们。”

“国浩拉孜先遣四人组”这下只剩我们三个援藏律师了，这里与上海相距万里，熟悉的环境和人、事都那么遥远，10 月拉孜就会进入零下二十度的寒冬……我心头突然闪过一丝“乡愁”，不想啦，赶紧回司法局法律援助中心工作去。

然后就是今天晚饭时寇博谭律师匆匆离开的一幕，还没等我庆幸在首次体验降温时幸免于难，自己也开始感到不对劲儿：一直没太多高原反应症状的我这会儿也开始脑袋发胀，肚子也不舒服起来。是发烧了吗？胃里刚吃的食物也开始翻涌，糟糕，我好像也要病了！

宿舍还没收拾好，我赶紧回到周转房躺下。也可能是由于白天的工作，我脑袋里开始不停“回放电影”，感到脑子越来越疼、胸闷、喘不过来气，看来刚吃下的“芬必得”不顶用了。一看表已经晚上十点多了，也不知道寇博谭律师怎么样了，要不要叫他一起去医院看看？我打了两个电话没通，可能是睡着了吧，不行，我的头和胸难受得越来越厉害，还是得去挂急诊！

好黑的夜、好冷的风、晚上空荡荡的医院，这会儿气温已经降到十度以下了吧？在医院大门口做防疫测温，果然发烧了，三十八度，我只好先在门外站着等核酸检测结果。好不容易到了发热急诊候诊区，值班的医生护士都是藏族姐姐，听说我是刚入藏没几天的援藏律师，就赶紧领我去找“大蓝瓶”氧气罐躺下吸氧。藏族医生安慰我说，别着急，刚上高原的人有高原反应，加上突然的降温，很容易扛不住，我开完单子你就去拍胸部 CT 和做血常规，可千万别引发肺水肿……

肺水肿！它和脑水肿一起，是援藏的同志们最担心出现的身体状况，仅我听说过的事件中它就已经掠走了从上海援藏的两名医生和一名律师前辈的宝贵生命。人刚进入高原地区，由于空气比较稀薄，氧含量明显减少，可能会出现低氧血症；在低氧血症的刺激之下，肺动脉压力会升高，引起肺小动脉痉挛，进而使肺血管里的液体可以进入肺泡和肺间质中，从而形成肺水肿。在西藏剧烈运动、突发疾病都很容易加剧高反，引发肺水肿，轻则呼吸困难、胸闷、咳嗽，加重时甚至会因为血氧不足引发呼吸衰竭、昏迷和休克。

这里不像东部，便利的手机支付还尚未普及，在收费处值班的藏族医生很照顾我，帮我用现金垫付，还带着我去检验楼、门诊楼、药房，带我拍 CT、抽血化验。穿过一栋栋医院建筑的时候，我心里虽没有什么委屈，但突然闪出一丝害怕，怕一个人刚到这儿就生病，怕万一病重了领导会不会因为担心我身体直接把我叫回上海，怕爸妈万一知道了会不会着急买最早的机票来把我拖回家，怕今天晚上还会遇到什么别的事儿……不过这种焦虑无助感还没来得及袭上来，就瞬间被冷风拍掉，还是少瞎想，赶紧去护士站打吊针吧。

值班室的藏族医生让我坐在她的“小太阳”旁边，给我倒了杯热水，等化验结果出来，她告诉我我已经有肺部感染，炎症比较严重，需要打几天吊针。

戴上吸氧面罩、输上液，已经到了凌晨两点多钟。两瓶点滴结束后，我带好各种单子往回走，深夜拉孜县城老中尼路的路灯照亮了空荡荡的马路，马路上只能听到远处的摩托车声。不知走了多久我终于回到住处，这一夜注定难眠。

周六早上我听医生的话来内科复查、挂水，白天的医院跟昨晚已大不相同，到处挤满了身着藏族传统服饰的长者，人声鼎沸。原来今天上海援藏医疗队在为拉孜各乡镇的村民们做公益白内障检查，想到救死扶伤的医疗队伍中也有来自上海的援藏同志，我心中不由得多了一股从容和温暖。

不知道是冥冥中的缘分还是相同的磁场更易吸引，周日下午，寇博谭律师在我们暂住的周转房门口偶遇了 2021~2022 期刚刚完成援藏任务即将返沪的上海杨浦区中心医院首批医疗队员。相似的汉族人面庞和声调已然亲切，一介绍竟然还是带着相同愿景、共同支援西部公益事业的“老乡”，“异地逢故友”，寇博谭律师马上拉起桌子倒上茶，叫我带着检查报告来找即将返程的援藏医疗队“专家团会诊”。援藏医疗团队的杨浦区中心医院放射科叶飞主任也立马打电话，让其他的战友们赶紧聚过来见“亲人”。

不一会儿，援藏干部上海市市东医院张舟院长、援藏医疗队杨浦区中心医院医政科王俊鹏主任、麻醉科“大宝哥”赵德宝医生、骨科文质彬彬的张立智医生、普外科倍儿有精气神的吴炜医生、消化内科含蓄沉稳的王保才医生、检验科年轻帅气的陈学飞医生，援藏医疗队的小伙伴们都聚齐了。

他们作为上海支援拉孜县的医生团队，已经在这儿为藏族同胞的医疗服务建设“输血、造血”了一整年，这周刚搬出宿舍和我们一样住周转房，等着和下周三到位的下一批杨浦区中心医院援藏团队交接。

我特别感谢放射科叶飞医生，叶医生帮我看了胸部 CT，第一时间发现并提示我胸片中的异常，告诉我严酷的自然环境可能会急剧恶化任何身体上的小毛病或潜在隐患，即便没大问题，也要对自己的身体状况做到心中有数，谨慎起见建议我可以去市医院拍心脏彩超，他会帮我和面诊医生一起分析影像结果。

一同来援藏的国浩拉孜办公室执行主任刘鑫律师也特别关心我，立马联系司法局巴桑卓嘎局长安排车，叮嘱我身体健康是目前的第一要务，特批我明天一早就去日喀则市藏南医院做检查。周一早上巴桑卓嘎局长让司法局的司机师傅来接我，在 4500 米海拔的盘山路上一路颠簸了三个小时，我终于赶在下班前在日喀则藏南医院做好了彩超检查，化验了各项血象。万幸，心脏影像藏南医院医生和叶医生都看过没问题，经过两天的输液消炎后我的血象也恢复正常了。这一趟没白跑，我可以安安心心、一往无前地在拉孜踏踏实实做法律援助啦！

下午我正打算回拉孜，就接到了司法局藏族同事次央的电话，次央告诉我明天我们的第二个刑事指定辩护案件的被告人需要会见，被告人现在羁押在市看守所，我要先在日喀则市待命，等待明天和检察官一起去看守所进行认罪认罚程序。没问题，整装上岗……

2022 年 7 月 25 日

于日喀则市看守所附近酒店

3.2　雪山下的新家

7月31日是周日，今天我们终于搬进了新家！刘鑫律师和寇博谭律师住进了政府周转宿舍“吉如村”，我则住进了拉孜县法院院子内的宿舍楼。

抵达拉孜前，县司法局巴桑卓嘎局长和同事藏族小姑娘次仁央宗便一边和我们紧锣密鼓地对接国浩拉孜办公室设立手续、援藏工作，一边帮我们申请宿舍安排住所。县里条件有限，没办法把我们三个安排在一起，宿舍还都是毛坯房，等着我们过来后再添置家当，因此我们18日到昨天都暂住在一处周转房里过渡。

两周时间匆匆而过，白天大家一刻不停地在法律援助中心做咨询写诉状、去法院开庭、去日喀则看守所会见，晚上大家到藏式小商店里采购日用品、搬运从上海陆续邮寄到的行李、打扫宿舍房间。上周末我因为急性肺部感染不得不挂水，趁着这个周末，两位男律师也放下手边工作一起帮我把大箱的行李抬上三楼，终于可以安家了。高原缺氧，稍走快两步就会明显感觉气短气喘，刘鑫律师和寇博谭律师抬着这么重的行李上三楼，中间不得不停下来缓口气，这次我们就算不是一起“扛过枪”，也是在雪山下一起“扛过箱”的战友啦。

我的宿舍在法院大院后的宿舍楼三楼，院里有拉孜的高层建筑（法院审判大楼，6 层）。在宿舍推开窗户一眼就可以望到对面的群山雪顶。在长江三角洲冲积平原上的上海市位于东经 120 度、北纬 30 度，海拔 2.19 米左右，7 月底的气温已逼近 40 度；位于喜马拉雅山脉的拉孜县东经 90 度、同样北纬 30 度，但海拔高达 4050 米，山顶积雪终年不化，抬眼一望便是雪与云的交融。

拉孜县委的领导们和司法局的同事们非常照顾援藏的同志，在有限的条件下已尽可能帮我们解决后顾之忧，给我们提供了最好的住处。刚搬进来时，这里还不通暖气、不通无线网，甚至连热水都不通，司法局的次央和宗曲帮我们买了热水器，又热心地帮我们联系电信的师傅，折腾了一周，终于解决了热水和网络的问题。对我们三个东部来的律师来说，除了缺氧，还有强紫外线、干燥和高寒的挑战。防晒可以配上墨镜、帽子、防晒霜，干燥可以用加湿器，最严峻的应该算冬天没有供暖了吧——10 月后这里就进入了冬季，很快便会降温到零下 20 度以下。对已经习惯了严寒的藏族同胞来讲，老式藏居里的煤炉子加上从小锻炼出的抗寒体质便可以安全过冬；可对适应了上海冬天写字楼、公寓里无处不在的地暖和中央空调的我们来说，两个月后的“冷峻”考验，才更需要我们鼓足勇气调整心态，发挥大无畏精神，“从战略上藐视敌人”。

从我住的宿舍到司法局走路不到十分钟，不过因为市政基础设施还没完善，法院门口在修路，出门要跨沟壑翻土堆，并不好走。我把箱子放到宿舍后要再回司法局办公室拿点行李，一出门竟然还看到一头可爱的小牦牛在马路上大摇大摆地走着，这可真是动物与人类、自然与社会的和谐共生，哈哈，又是一道在上海看不见的风景！

司法局的同事们周末轮流值班，司法局位于县城最热闹的主干道曲下镇老中尼路 46 号，正对着县人民医院。司法局大门两边是一些藏式甜茶店、藏面店和一些手工艺小铺子，经常有藏族大叔阿姨在门口台阶上席地而坐，一手转经，一手拿着自制青稞酒，交谈畅饮，一坐就是一整天。路过的我好奇地看着他们脚边的大青稞酒桶，用刚学的藏语喊“阿佳”跟藏族阿姨打招呼，阿佳（藏语大姐的意思）就会投来温和友善又有点羞涩的目光，点头冲我一笑。

这里的藏族群众主要以农牧业为生，种青稞油菜、养牦牛山羊、挖虫草，农闲的时候经常可以在街上看到三三两两或拎着青稞酒桶或拎着奶茶茶壶的当地人，他们遇到熟人老友便沿街聚起，倒一杯甜茶青稞酒，再抓一把糌粑，有时还会遇到藏族爷爷抱出六弦琴。天朗气清，惠风和畅，很容易让人联想到《兰亭集序》里的场景，“虽无丝竹管弦之盛，一觞一咏，亦足以畅叙幽情”。古今、汉藏、开放与原始、文人与牧民、流觞曲水丝竹管弦与堆谐起舞六弦弹唱，时空参差恍惚，“夫人之相与，俯仰一世。或取诸怀抱，悟言一室之内；或因寄所托，放浪形骸之外。虽趣舍万殊，静躁不同，当其欣于所遇，暂得于己，快然自足，不知老之将至；及其所之既倦，情随事迁，感慨系之矣……”

时光仿佛在他们身上越发宽容慢行，有时候下班一出铁门，就看到阿佳（藏语大姐）、觉拉（藏语大叔）、阿莫拉（藏语老奶奶）、阿波拉（藏语老爷爷）沐浴在夕阳里，周身上下都散发着从容安详的光泽，身体与灵魂仿佛都熔铸在虔诚的信仰和幸福平和之中。很多文艺青年吵嚷着要来西藏洗涤心灵、升华灵魂，来这里不见得心灵就自然得以洗涤，可“世之奇伟、瑰怪，非常之观，常在于险远，而人之所罕至焉，故非有志者不能至也”，不一样的风景却必定能洗涤眼睛，“牢骚太盛防肠断，风物长宜放眼量”，再奇伟、瑰怪、非常之风光景物，也需放开眼界才能欣赏；升华灵魂，可能更需要的是以彼照己，体会不一样的心境，探索并与灵魂对话吧。

法律援助中心的接待窗口在司法局二楼，巴桑卓嘎局长很支持我们的设所工作，又将三楼的一间办公室批给我们做国浩拉孜办公室的注册地。推开大门，院子还很原生态，有值班门房、接水做饭的水井、绿树杂草，还有后勤阿佳给我们种的新鲜蔬菜。为了方便我们值班，工作日中午有一位阿佳帮我们做些简餐，虽不复杂，但阿佳为了照顾我们新来的汉族律师，还学了川菜以适应我们的口味，让我们在藏面甜茶咖喱饭之外，又尝到了家乡的滋味。

拿完东西返回宿舍，在老中尼路上等红灯，一抬头，我又望见了远处静谧的雪山，心里突然泛出一个念头，雪山上的来客，雪山下的新家，“在高原上工作，最稀缺的是氧气，最宝贵的是精神”。去年 7 月，习总书记在考察西藏时指出：“我们在高原上，精神是高于高原的。这个事情必须一茬接一茬、一代接一代干下去。”正是因为有了一代代“老西藏”人的扎根坚守，矢志奋斗，才有了西藏朝气蓬勃的今天和越来越好的明天。从“踏过昆仑唐古拉，开劈石峡到拉萨”，到“三千志士英勇捐躯，一代业绩永垂青史”，“老西藏”人来路不易，而我们接棒的年轻人更要自觉经受“多向锻造”，踔厉奋发，笃行不怠，赓续前行，奋楫争先，和西藏各族干部群众一道，继续诠释援藏精神的奉献底色，无愧于心、不负重托、无愧于使命！

2022 年 7 月 31 日

于拉孜县人民法院宿舍

3.3 援藏医律一家亲

星期六到了，自7月12日从上海出发到今天8月6日，一眨眼已过了三周。这三周的周末，第一个周末“国浩拉孜先遣四人组”在路上，第二个周末我正在体验“烈日和暴雨”，第三个周末大家忙于联系国浩后援团，集思广益为拉孜城投公司的咨询找到更好的法律路径，今天终于要有个轻松愉快的周六啦。我提前给电瓶车充满电，下午叫上同样是7月到拉孜的上海援藏医生们，大家组成小车队，准备来一场自由自在的西藏小电车“自驾游”。

之前介绍过，西藏日喀则市是上海市的对口支援城市。从1994年起，已有先后九批、六百多名人才参加援藏建设，日喀则随处可见上海援建的痕迹。拉孜县除了有我们这些来自国浩上海办公室的援藏律师，在县中心医院还有一批可爱的来自上海杨浦区中心医院的医疗援藏工作者。

刚来拉孜的第一周我“不幸”肺部感染，正好遇到了准备撤离的上一批援藏医生们，杨浦区中心医院放射科叶飞医生还叫来援藏医疗队的其他医生帮我“会诊”看片子、看血象化验结果，并建议我进一步检查心脏。现在新一批的援藏医疗队伍也到位了，杨浦区中心医院医务处李进红医生、普外科潘志辉医生、神经内科孔玉明医生、放射科沈善宗医生、检验科吴舜医生 7 月中旬已经到了拉孜，全科杨森医生、护理部的方华明医生人已在拉萨，明天就归队。来自上海的同志们终于要大集合啦!

在这个没有各类手机打车软件，没有招手即停的出租车，也没有任何公共交通工具的藏族聚居区小县城里，幸亏国浩上海办公室体恤我们高原的艰苦生活，给拉孜办公室增配了三辆电瓶车。我和寇博谭律师都还算年轻力壮，可在这海拔超过四千米的地方稍微走快两步或者上个楼都会上气不接下气地喘起来。李强律师返程前，我们发现这里没人用自行车，可能也是为了在高原保存体力减少耗氧，所以上海办公室决定给大家都配上电瓶车，以便我们能自如地在司法局法律援助中心、法院、检察院和宿舍之间穿梭。

杨浦区中心医院医务处的李进红医生要去拉萨接杨森医生、方华明医生“回家”，今天不能和我们同行。中午吃过饭，我、寇博谭律师和其他四位医生临时搭伙组成的六人车队便浩浩荡荡一路顺着河边乡道向城南驶去。

啊，这才是真正的西藏啊！刚出县城才五分钟，山、云、河、石，原始、粗犷、自然、野性的美便兀自展开，猝不及防扑面而来。没有矫揉造作、精致打磨的清秀或华丽，也没有或厚重或“沉重”的故事或历史加持，不需要观者绞尽脑汁提炼中心思想或升华主旨，这里有的是浑然天成的、是没有枷锁的、也是跳脱于人类社会的野性自由。

我们最先骑到的是距拉孜县城 7 公里的曲下镇乃萨村乃萨寺。今天应该不是朝拜开放日，只看到寺庙门窗紧锁，大家没能进去一探究竟。乃萨寺建于吐蕃王朝赞普赤松德赞晚期（公元 8 世纪末），是宁玛派大译师玛仁青乔及后裔密宗传人举行密宗仪轨和修炼的重要道场，可惜几经战乱，乃萨寺已经受到了很大的损坏。据说寺内现在还有用于祛灾避禳、密宗灌顶、祭祀等仪式的袖珍系列唐卡、木制曼荼罗（坛城）等。

据说这里的袖珍系列唐卡年代久远、刻画精美，一幅画长、宽仅有约 4 厘米，画有宁玛派密宗上师、主尊、静猛天众等，是日喀则乃至整个藏族聚居区罕见的袖珍系列唐卡；曼荼罗则绘在直径仅 70 厘米的方木上，上有大小不一的 10 座曼荼罗（坛城），中央绘有“九会曼荼罗”（九种曼荼罗的集合），每一坛城又绘有各方主尊、眷众、宝塔、鬼神等，最小的仅有米粒大小，要用放大镜才能看清整个轮廓和五官。我们来前查过资料，在乃萨村后山上还修有乃萨寺历代密宗大师的灵塔二百多座。

所幸这里离我们住的地方也就十几分钟车程，以后还有机会再来。

小车队继续往前驶去，天气渐渐阴沉了下来。七八月还是西藏的雨季，经常“东边日出西边雨”，日喀则的雨水说来就来。继续骑行十分钟，我们就到了下一站——贵萨寺。

刚到贵萨寺门口就看到两个小沙弥，见我们想要合影，他们便羞涩地笑了起来。小沙弥在这里上课生活，这里的教育系统类似于我们汉族的学校，小沙弥自幼被父母送来学习藏文、佛学和汉语等多门课程。寺庙对小沙弥不收任何费用，并承担了他们一日三餐、僧袍和住宿的费用。我不由感叹，除了对一些基本概念和文化背景的了解，我们还远远无法深入探究到西藏宗教对藏区文化更深层的影响。

西藏独特的自然条件和艰苦的生存环境下孕育的藏族文化，正是藏族群众们凭借顽强的生命力和对美好生活的不懈追求的外化表现。除了藏传佛教，藏族特有的语言文字、藏医藏药、天文历法、音乐舞蹈、雕塑绘画等都值得我们在未来援藏的日子里利用工作之外的时间深入了解。来的路上刘鑫律师也一直提醒我和寇博谭律师，要牢记习总书记所说的：“文化认同是最深层次的认同，是民族团结之根、民族和睦之魂。”不管藏族还是汉族，其历史文化都值得我们尊重。佛教文化和儒家思想是两个民族得以生存的文化根基和精神财富，加深理解、包容大度、尊重认同，不仅是一个统一的多民族国家精神层面的团结，也能为我们未来的援藏工作排除许多沟通障碍、实实在在帮助我们更好地输出公益法律服务。

快要下雨了，我们进入贵萨寺后来不及慢慢细看。寺庙的栏杆内却还有当地的藏族群众们席地而坐，摆出藏族甜茶，集聚谈天。也许对他们来说，不管是一路磕长头向大昭寺朝拜，还是在平均海拔 5000 米以上的冈仁波齐开启全长 56 公里的“转山”，又或是像今天这样在寺院内倚栏席坐喝茶诵经，都是虔诚皈依、平静从容的不同表现形式而已。

成团似毯的乌云漫过山头压过来，我们要赶紧回程啦。8 月这里白天最高气温有十几度，到晚上只有不到八度，要是下了雨就更不得了，在高原淋湿感冒可就麻烦了。

大家一路狂奔，匆匆忙忙告别小沙弥、告别贵萨寺、告别沿途的白塔转经，回城路上我突然发现一只黑白相间的牦牛崽，它嘴里噙着草扭着头呆呆地望着我，太好玩了，就算淋雨也得停下来和它合影！

我们终于赶在雨落前回到了县城里，虽然骑着电车，但今天算起来也是除了搬家抬行李外，入藏后运动量最大的一天了。也该庆祝一下我们身体逐渐适应了高原反应，逐步回血复活；庆祝来自上海的兄弟姐妹们在祖国遥远的西南边疆自法组成队伍，发挥不同的专业技能，输出能量，“各显神通”。

同样的语言、同样的相貌特征和同样来自上海是大家天然亲近感的来源，而同样的公益追求和援藏愿景更让我们不分彼此、密切相连。不管是医生、律师还是援藏干部，服务期限不管是半年、一年还是三年，这高原冻土已然成为我们心中的奉献热土，这批包含着70后、80后、90后的拉孜援藏小分队队员已经成了高原上最亲密的战友和亲人，在未来的日子里，我们将相互砥砺也相互支撑，交好答卷，不忘初心，胜利返沪！

2022年8月6日

于拉孜县人民法院宿舍

3.4 守望相助汉藏情 天涯明月共此时

今天是农历八月十五，也是我过的海拔最高的一个中秋节。

眨眼间我们已驻扎在日喀则市拉孜县近两个月了。7 月初在国浩上海办公室吕红兵首席为我们举办的欢送仪式、管建军书记在虹桥机场的送别、拉萨到日喀则再到拉孜的一路风景还历历在目，如昨日，可在高原法律援助的工作节奏里，时间已经倏忽进入 9 月，时光给我们的回忆既深刻又不着痕迹。

9 月初的日喀则市因为新冠肺炎疫情防控还没完全放开、恢复常态化管理。在拉孜法院宿舍封控中的我，经历了和法官们“同吃同住同抗疫”的难忘经历，法律共同体的友谊更以不同的维度深深加强。

今天一睡醒，我便接到了远在南阳老家的妈妈的电话。中秋到了，外出求学工作多年的我，以往也有没能赶在中秋回家和家人团聚的情况。可此次身在父母都从没亲自体验过的雪域高原上，加上疫情状态下自治区的快递邮件都不像往日那样便捷，在这个阖家团聚的节日里，千里之外的爸妈对我也有许多牵挂和思念。

挂断电话前，妈妈还特意安慰我说，你这个中秋节在高原上过，条件可能艰苦了点，爸妈在家也帮不了你什么，等疫情后记得出去给自己买月饼补上。我听完鼻子一酸，不管多大年纪，我们在妈妈眼里都是长不大的孩子，而最深沉的母爱往往都是以最朴实简单的吃饱穿暖的叮嘱体现的。老爸怕妈妈伤感，在旁边打趣逗妈妈道，你让女儿看看今晚西藏的月亮圆不圆呗，喜马拉雅山离月亮这么近，会不会看着比咱们的更大些。

放下电话，我打开电脑刚要开始整理和回复藏族群众们的咨询留言，就收到了李姐的微信："小闫你下楼，我这会属于次密接人群，需要在家隔离不能出去，你到我窗下我给你扔点东西。"

李姐是拉孜县人民法院向巴土多法官的太太，也是一个性格热情直率的汉族姐姐。刚搬进法院的时候，李姐见我害羞便主动跟我打招呼给我介绍法院宿舍楼里的邻居们；8 月藏族聚居区也出现了疫情，大家隔离在家时又帮我联系志愿者，送蔬菜粮食保障物资。李姐在成都长大，读书期间认识了来成都求学的藏族男孩向巴土多，两个人从同学发展成恋人，毕业又修成正果，后来她和向巴土多法官一起回到了西藏，在日喀则找到了稳定的工作；两个人跨越民族风俗和地域障碍的爱情也有了幸福的结晶，他们有一个健康可爱的儿子。

李姐住在我对面的楼里，见我来到楼下，李姐便打开窗户努力探出半个身子，向我扔了两个彩色的圆团子。看到我一把接稳了圆团子，李姐开心又神秘地探出窗户说："这个可是青稞做的哦，还是牦牛肉馅儿的，你之前一定没有吃过，我想你中秋节估计没月饼吃，先给你分两个。"原来李姐是给我送中秋月饼呢，她和法官们目前都隔离在宿舍里不能出来，这几天也没法去采购，这个中秋节的月饼可是时下的"硬通货"，比往年中秋节的月饼都来得稀缺珍贵。

我还沉浸在李姐给月饼的感动欣喜中没回过神来，县司法局巴桑卓嘎局长的电话也来了。

"闫律师你在法院宿舍吧？等我一会儿哦，我正在给曲下路街道的群众送物资，一会儿就送到法院门口了，你一会儿出来我给你带点吃的。"

巴桑局长是一位年轻的藏族女局长，平时工作雷厉风行，最近拉孜县的防疫工作到了攻坚时期，巴桑局长和司法局的同事们都不分白天晚上轮流值班，经常能看到和他们一起做志愿者的法院邻居们忙到晚上 12 点才开着防疫车返回院里。

等我赶到法院大门口，正看到巴桑局长穿着白色防护服，开着一辆电动三轮车颠颠簸簸驶过来，三轮车里都是要给街道居民派送的蔬菜粮油鸡蛋。巴桑局长下车拎着一个纸袋子递给我：“本来想给你们送点月饼过中秋节，不过县里本来条件就有限，仅有的几个糕点店因为疫情暂时断货了，我找了好久只买到块小蛋糕和蛋挞，还有个小西瓜，也算一点心意吧，你们也辛苦了。”

真没想到平日严肃干练的巴桑局长对我们的照顾这么周到。这还是我入藏后第一次吃到奶油蛋糕和新鲜西瓜，这个中秋的味道似乎比以往更多了一点与众不同的甜。

我回到房间回复完几个藏族群众的民事纠纷微信咨询后，正在修改为拉孜政府部门起草的法律意见书时，突然听到隔壁曲下镇政府的大喇叭响起藏汉双语广播，原来是拉孜县防疫办发布了最新的解除静默管理、有序恢复生产生活的公告。

我竖起耳朵仔细听着藏语和汉语的循环广播，县城已经连续 19 日无社会面新增本土新冠肺炎阳性感染者，中高风险区也已清零，全域为低风险区，从今天起全县解除静默管理，逐步有序恢复正常生产生活秩序。

太好了，这无疑是全县人民最好的节日礼物！静默状态终于告一段落，拉孜县的市场开始恢复生机活力，全体医务工作者们和像旦增朗珠一样的志愿者们也可以稍微缓一口气，安抚一下悬着的心和紧绷的神经。

藏族小伙子旦增朗珠是法院的年轻人，也是拉孜疫情暴发后第一批报名去最艰苦的方舱建设组和物资消杀组的青年。有天下午，我和其他志愿者正在法院大院里给配送的物资和楼道做消杀，正巧看到以往晚上十点以后才能回家休息的旦增朗珠提前回来了。我问他是不是太累了身体不舒服，他羞涩地摇摇头，说要回来换一身防护服，今天搬运了太多物资，防护手套和防护服都已经严重磨损，回来换一套就要赶回去。

我们赶紧找来一身新的防护服给他换上，在已经开始降温、并不很暖和的月份的西藏，这个高高大大的藏族男孩在不透气的白色防护服下只穿了件短袖 T 恤，但他的前胸后背早已被汗水湿透，脱下防护服后湿透的 T 恤贴在身上的样子略显笨拙又更加令人动容。

还有很多志愿者被分配在了物资配送组。疫情最严峻时，街道上的居民需要居家隔离，粮油蔬菜和基本生活用品需要靠志愿者义务配送。每个街道为一个单位，居民们拉起一个微信大群，每户三天一次在街道群里发出所需配送的物资明细，志愿者们就骑着三轮车帮居民到蔬菜店或小超市购买并送到各家门口。这些年轻的志愿者们扛起了保障全县城 3 万人每日吃喝的重任，用这种原始又直接的方式帮助拉孜县的群众们有了物质保障吃得上菜。

我们排队做核酸检测的时候，会经常看见两个身着白色防护服的志愿者组成一组，骑着三轮车往返于菜店和民居之间，其中一个志愿者负责骑车，另一个坐在旁边匆匆往嘴里扒着饭菜，两个人轮流吃饭——他们连午饭时间都节省下来，就是为了让隔离在家的居民们能安心吃上饭。

雪山映明月，天涯共此时。现在疫情逐渐好转，全县解除静默管理，志愿者们今天应该也能早点回家看看雪山上的一轮皎洁明月，睡个好觉吧。

2022 年 9 月 10 日

于拉孜县人民法院宿舍

3.5 提前到来的“暖冬”

十一国庆，上午一打开邮箱就收到了国浩品牌运营中心给大家送上的节日贺卡，翻开朋友圈，上海的朋友们、南阳老家的亲人们也开启了休假模式，晒美食、晒风景、晒娃晒幸福，看来身边的人都过着甜蜜温暖的小日子。

记得七月刚入驻拉孜的时候，给我们接风的杨健副县长和政法委米久书记还暖心地叮嘱我们：先要保证身体健康逐步适应高原缺氧的严峻环境，等以后适应了工作和生活环境，在节假日也可以多出去走走看看。只有深入当地人民的实际生活里，才能进一步体会到藏族同胞们的真实文化和精神风采。这样不仅可以帮助我们开展法援工作，对我们个人而言也是非常难得的经历和受益终身的财富。司法局的巴桑卓嘎局长和拉巴片多、旦增塔杰等同事们也提议，等到假日，如果我们不用加班的话他们就当向导开车带我们四处看看。于是神秘的阿里地区、那曲河谷、林芝墨脱以及离我们仅两个小时车程的定日县珠峰大本营，便成了萦绕在我们心头的朱砂痣，真希望有机会和拉巴片多、旦增塔杰、次央、次丹、宗曲这些小伙伴一同去一睹芳容。

上个月市里开始逐步解封，日常生产生活秩序逐渐恢复，但藏族聚居区的特殊环境使抗疫任务还不容放松，出县跨区活动还是不方便。这几个月我们尽快了解当地法律环境，研究怎么更好地开展公益法律工作，在休息时间也只能在县城内活动。

进入十月的藏族聚居区的气温已经下降很多了，拉孜县的海拔最高有4500米，最近太阳落山后，气温已经到零下好几度了。县城没有集中供暖，目前我们的宿舍也没安装暖气、炉子这些取暖设施，到晚上宿舍里的温度像上海十二月的严冬。趁着这个假期，要赶紧找其他两位援藏律师商量安装一些取暖器。

下午两点是藏族聚居区一天中温度最高的时候，我趁着中午有太阳赶紧去洗了个热水澡。最近背上、腰上和大腿的皮肤总是又痒又刺痛，摸上去却没有疙瘩，不会是染上“包虫病”了吧？

“包虫病”是一种人畜感染棘球绦虫的幼虫的寄生虫病，由于藏族群众牧民们有生吃牛羊肉的习惯，人和牛、羊等动物很容易染上包虫病。包虫病的虫卵会在人和家畜的脏器中发育成包虫囊肿，压迫脏器；如果破裂了，囊液溢出会引发皮疹、腹痛、昏迷等反应，导致厌食、消瘦、贫血等毒性症状；若囊液大量进入血液循环，还可能会造成严重的过敏性休克，甚至死亡。不及时治疗的话，十年内病死率可达 94%，所以包虫病被藏族群众们称为“虫癌”。想到这里我开始紧张起来，想尽快知道自己皮肤又痛又痒的原因。

洗完澡后我认真检查了身体，终于找到了原因，根本没有染上包虫病。原来入藏后从七月到十月，我们面对的不仅是缺氧高反、强紫外线晒伤、温差大，更是空气湿度骤降的挑战。平时我虽然一回宿舍就打开加湿器，可没想到气候的干燥早已体现在了自己的皮肤上。仔细看，我的背上、腰上和大腿的皮肤都布满了皲裂的一条条小血丝，细细的裂口摩擦着衣服，自然会感到痛痒难耐。其实我在睡前也会涂些身体乳，但还是没能抵抗拉孜如此干冷的空气。

下午寇博谭律师从宿舍过来，喊我一起去县城家电店里，看看能不能买到油汀、“小太阳”之类的取暖器。我俩一人一辆小电车，兴冲冲地往县城仅有的家电店骑去。拉孜秋天的天空可真清澈呀，可以看到湛蓝透亮的天，大团大团矮矮厚厚“毛茸茸”的云。街道上虽然没什么人，但长毛的藏山羊、藏绵羊却随处可见，一群群就像放假了的小朋友们结伴上街玩耍，玩累了天黑了不用等“爸妈”叫，就乖乖地道别各自回家。

拉孜的家电店就在 318 国道一侧，这条大名鼎鼎的国道既是登山爱好者和车友们自驾去珠穆朗玛峰大本营的必经之路，也是七月我们一行人从上海到日喀则市再开车到拉孜县的来路。

“318”可真美，一万里路的一头是我，另一头是上海；朝着东边走，还能走回老家，看到妈妈。

店里存货也不多了，老板说最近都没法去市里进货，3000瓦功率的取暖器只剩两个了，目前还有一个2000瓦的取暖器，更暖和的油汀也卖完了还不知道什么时候能补货。不分大小，果断购入，我们三个人的宿舍正好各一台，总算能保证当下的需要。

晚上回宿舍给自己下了一碗家乡口味的炝锅鸡蛋面，刚起锅，就接到了我们上海团队合伙人卢钢律师的视频电话。今晚上海团队有个小聚餐，除我之外的团队的两位合伙人杜晓堂律师、卢钢律师，执业十几年的团队的“中流砥柱”刘天意律师，入职两年的季烨律师，入职一年的叶志港律师以及新入职的杨子仪律师都从自己驻场的各地项目现场赶回了上海。团队的聚会当然不能少了我，卢律师的视频一打开，瞬间感觉自己和小伙伴们交融了时空，拉孜和上海连在了一起。

七月初国浩还在斟酌第一批援藏律师人选，得知我想要报名时，两位合伙人除了关心我的身体能否吃得消，以及担忧可能出现的不确定危险外，都在鼓励、安慰和支持我。作为一个入职近六年的“中年级”律师，我当时其实还有很多在手的IPO、基金项目和常年法律顾问客户需要跟进，团队每个人的工作量都很饱和。在报名时，我唯一的顾虑就是团队的工作安排。

卢钢律师看出了我的心思，跟我说：“你不用担心，也不要有顾虑。你有援藏的想法我们都很感动，也会全力支持。于公，你要相信团队的力量，团队每个成员都会在需要的时候补位，相互支撑前行；于私，谁年轻的时候还没有个援边的公益律师的热血和理想呢？其实很多年前我也想报名去做志愿者，但当时因为家庭工作很多原因没能实现。今天你又有了这次机会，大家都会分工补位好你的工作。所以你不仅是代表自己，其实也是咱们整个团队七个人，都跟着你去援藏了呀，一定要好好珍惜机会，好好干！”卢律师的这番话瞬间戳中了我的心窝，感动和力量顺着动脉血管热了全身。

在确认被选中后，我就开始和各个客户解释、告别、安排对接事宜，驻场工作和持续的日常顾问由团队的老大哥刘天意律师帮我顶起来。我常年服务的客户，即上市公司山东好当家海洋发展股份有限公司的唐传勤董事长知道我要去西藏了，打电话跟我说：“闫律师你还蛮有勇气的，等你到了后发来地址，我给你们寄点咱威海的特产海参海鱼，等你明年回到公司开会再给你接风！”经常合作的国泰君安证券股份有限公司资本市场部的马泓波总、秦雯总半开玩笑半认真地说：“等到了拉孜一定要多多拍照、多多记录生活、多多发朋友圈，大家以后上班之余就等着看你发动态，等着你回来再到公司时听你讲西藏的故事。”

想到这些，突然意识到拉孜的冬天起自十月，确实比内地来得早，不过有了今天采购的取暖器、有了团队的支持和客户们的理解，这个冬天也应是个提前到来的“暖冬”。

2022年10月1日

于拉孜县人民法院宿舍

3.6 来自远方的病中礼包

自元旦节从市里回来后我就开始头疼胸闷，刚开始还以为是感冒加重了高反。3 日起我的症状从感冒的头疼咳嗽，演变成了恶心腹泻、嗓子撕裂般的烧灼感。糟糕，可能是我也感染新冠，“中招”了。

上周我打电话给远在南阳老家的爸妈，爸妈都五十多岁了，平时身体还好，可南阳的情况基本和上海相同，爸妈也先后感染，两人都从单位回家自行隔离。他们都高烧到近 39 度，咳嗽、畏寒、浑身无力，和我打视频电话的时候，以往精气神很好的他们看起来一下子苍老了好多。两个人发烧难受，可还得相互照应轮流给对方做饭端茶。看着手机屏幕里的爸妈，我既心疼担心，又涌上一种自责和愧疚——家里就我一个女儿，爸妈年纪越来越大，在越来越需要子女反哺的时候，我却离得越来越远。

前天打电话给爸妈，爸妈连着高烧四天后终于退烧了，不过病来如山倒、病去如抽丝，他俩都感觉身体素质和抵抗力大不如以前了，咳嗽也还是很严重，浑身无力的状态也还没恢复。如果我是在上海律所里，上周还可以临时买张机票赶回家，给他们炖点汤饭补补身体，让他俩好好躺几天。可现在我身处遥不可及的西藏高原，援藏任务和千山万水的距离，让这一件做儿女最基本又普通的事情，变得如此难以实现。

对着镜头里的爸妈，我的愧疚还没找到合适的表达方式，爸妈却发现了我的不对劲："你脸怎么这么红啊，声音也哑了，你量体温了吗？嗓子疼不疼？你们那里也爆发疫情了吗？"妈妈这次的"三连问"，又像以往我们的对话中，把我的关心输出强硬掉头，一下子重新把焦点放回了我身上。

原来每次打电话都舍不得主动挂断的妈妈，这次开始慌张地要求结束通话："你快放下电话去找个体温计量一量，有核酸试纸吗？要是也感染新冠可麻烦了，你在西藏医疗条件不比家里，还有高反，有地方去买药吗？"

被妈妈强硬要求挂了电话的我，想起去找住在法院宿舍楼的邻居罗布旺堆法官求助，罗布旺堆法官一家人既正直负责又温柔热心，罗布旺法官的太太是县人民医院的护士，我想他的家里应该有温度计吧。

这一测还真发烧了，38.5 度，罗旺法官看我的样子就知道也是感染了。最近法院和司法局的同事们基本上感染了个遍，罗旺法官也才刚刚康复。他转身回屋里给我捧出来一大堆药盒药瓶，有退烧药、感冒药、止咳消炎药，还有一管VC泡腾片。罗旺法官一边往我手里推一边说："你别客气啊，现在外面不好买药了，你拿着先退烧再说。"

谢过罗旺法官后，我回到了自己的宿舍，听说感染新冠后前两个晚上发烧最严重，我提起精神做好心理准备，迎接晚上第一个难熬的夜。

还是小瞧了它的威力。退烧药似乎没及时发挥作用，晚上体温明显开始上升，咳嗽越来越厉害，半夜被自己咳醒的我头昏脑涨，嗓子火辣辣地干疼，好想生吞一块冰，或者找一杯冰水把灼烧着嗓子眼的火苗浇灭。在零下十几度的凌晨，我爬起床倒了杯温水，刚喝一口简直像生吞了一刃刀片，我感觉从喉咙开始整个食道都被划开、皮开肉绽。我想清清嗓子做一个干咽动作，第一次以失败告终——太疼了，喉咙只要稍一发力就会撕扯一个隐形的裂口；我又试试声带振动，这下好了，已经失声了，只能用轻微的气息声勉强发音。不知道是因为半夜起床，还是因为生病反应，我浑身冰冷，忍不住打冷颤，才短短的几步路，两条腿从腰部到脚趾似乎都不是自己的。我躺回床上插上制氧机的鼻息管，似乎高纯度的氧气能缓解一点头部的痛苦，一直熬到天快亮，我才又睡着。

直到昨天下午，发烧好像有了好转。司法局的同事们依旧坚持在岗位上，最近快到农历春节，大批大批的农民工返乡，每天每个人都忙得团团转，我们只能在戴好口罩、尽量做好消杀的情况下坚持继续保证法援工作。

昨天快下班的时候，国浩上海办公室行政部的胡颖老师发微信给我，说看到物流信息提示，国浩邮寄给拉孜办公室以及我们三个援藏律师的新年慰问礼物要到了。胡颖老师像是我们的大姐姐，在元旦前就跟我说，吕红兵首席和大家都在密切关注着我们的动态，也很关心我们的生活和身体状况。吕首席特意让胡老师帮我们挑选一些“有年味儿”的跨年礼物，让我们有和上海办的同事们一样的节日氛围，不会在西藏高原上感到孤独。

胡老师在元旦前十几天就开始选礼物、打包装箱、安排邮寄，可从上海横跨中国一直到西藏拉孜的大箱子所需的在途时间远超过我们预期，再加上尚未完全恢复的疫情后物流链，历经曲折，我们的节日礼物终于安全送到县城啦！

今早起来，虽然嗓子还是备受“刀片”的困扰，但感觉身体力气恢复了一点，于是我打电话叫上司法局的同事格桑普赤开车跟我一起，直接去县物流点“拉货”。没想到所里给我们准备了这么大的分量的礼物——胡老师发来了两个超过一立方米的大包裹，我和格桑普赤两个女孩子只能喊上物流点的藏族群众小伙子一起帮忙将包裹抬上车，分两趟才拉回了司法局的办公室。

这么大的两个包裹惊动了司法局里可爱的同事小姑娘们。中午吃完饭，大家围着我和包裹，兴致勃勃好奇期待地催我赶快打开，都迫不及待地想看看从上海寄来了什么好东西。

胡老师很细心地将礼物包裹得严严实实，我拿着剪刀费了好大的劲儿才让它们现出原形——包裹里是六个整整齐齐的中型箱子。再拆开一个，里面用彩色的玻璃纸和绶带花朵装饰，看起来很精美，我和格桑普赤合力拎起来一个给大家展示，还没等我低头看仔细里面都有什么，就听到围起一周的藏族姑娘们羡慕地“哇”起来——我和格桑普赤拎起来的是一大袋沉甸甸的零食大礼包，有巧克力、咖啡、坚果，各种女孩子爱吃的应有尽有；大箱子里还有老牌国营食品商店的年货大礼包，上海的鸭货、酒糟鱼以及苔条酥各种以前经常给格桑普赤、次央她们提到的老上海点心，终于可以现身拉孜，可以让大家都尝尝啦！

姑娘们立马瓜分了一箱，下午上班的热量补给已达标。

晚上回宿舍，我用电瓶车拉回了一箱，放进了法院的值班室里。孩子们要放寒假了，而法官们的工作量都是满负荷，没时间带孩子的法官只好把孩子们都安排在值班室做作业、玩游戏，由在值班室轮值的同事照看全院的孩子。我在想这么多零食，会不会给孩子们的寒假增添点美好的回忆呢？

剩下的礼物，当然都有用途。之前我们三个援藏律师就商量，这次来援藏、做公益律师，是一个很好接触藏族群众的机会，我们不仅要提供法律专业援助，还得想想办法为那些来求助的农牧民、我们接触过的贫困的藏族群众、身边的藏族孩子、独居的藏族爷爷奶奶多做点事儿，争取从不同的维度帮他们更好地生活，真正最大地发挥公益的力量。我们打算让法官们带着我们去我们代理过的“岩羊案”和“盗窃文物案”的被告家里，给他们家属送点粮油物资过冬，让已经服刑的被告能体会到社会对他们困难的关注和支持，让他们能安心地好好改造，少一点后顾之忧；也让他们的家属知道他们都在认真改造努力变好，对他们未来回归家庭回归社会充满期待充满信心。我们还要去附近村里看看孩子，给孩子们送一些书本和文具……

今天及时送达的大礼包正好可以派上用场，这个周末也可以把这些零食跟文具一起，带给村里的孩子们，希望他们在艰苦寒冷的环境中好好读书学习的同时也有个开心阳光的童年。

2023 年 1 月 5 日

于拉孜县人民法院宿舍

3.7 请把你的微笑留下

昨天和其他两位援藏律师一起，去了老中尼路的超市来了个大采购。

打算买一些小孩子喜欢的文具、画笔、儿童图册之类的，明天带去附近乡下。

出了县城顺着拉柳公路往北走，一路的风景逐渐开阔、更加原生态，公路上不时冒出的一两只牦牛，也逐渐变成了路两侧大片盘山草地上灰色白色的牛群羊群。开了半个多小时，我们就看到沿途的雅鲁藏布江的江面越来越大，水面上大只的黑头水鸟也越来越多。在一片冬季干涸的滩涂地上，我一眼就看到了一个高高竖立的红色大牌子——“黑颈鹤国家级自然保护湿地”，原来那些黑头的水鸟就是“高原精灵”黑颈鹤。我们已经开车来到了雅鲁藏布江中游河谷的曲玛乡，这儿就是经常听同事们提到的黑颈鹤国家级自然保护区。

黑颈鹤是我国一级保护动物，是鸟类中的大个子，看起来不比天鹅、丹顶鹤体型小。今天看到真身，就秒懂了它们名字的由来——黑腿、黑尾巴、黑脖子、黑脑袋，头顶有一小块红色（据说是秃头裸露的皮肤），中间部分身体的羽毛却是灰白色。每年冬季，黑颈鹤就会分成东、中、西三路迁徙越冬，东线的目的地是贵州草海和云南大山包，而西部的目的地就是西藏南部和印度东北部了。它们是世界上唯一能够生长、繁殖在高原上的鹤，藏族群众叫它们“藏鹤”，把它们视为“高原精灵”。

我们激动地把车停在路边，飞奔到河床上，想要抓拍几张黑颈鹤群在雅鲁藏布江里嬉戏的照片。可还没等跑到跟前，胆小又机警的黑颈鹤由近及远一股脑飞身而起，本来还比较安逸的大片鸟群这会儿“guo-guo-guo”地喧闹起来。看来我们是打扰到它们了，刘律师连忙喊我和寇律师退回来，不要破坏了它们难得找到的舒适的栖息地。

之前听检察官助理巴桑仓木决谈起过，拉孜县周边不仅栖息有黑颈鹤，还有绿头鸭、斑头雁、赤麻鸭等很多珍稀禽鸟，去年7月中旬，县检察院联合县林业和草原局、县国家级自然保护管理局，设立了“西藏雅鲁藏布江中游河谷黑颈鹤国家级自然保护区检察公益诉讼保护区”，并在曲玛乡坚达村东1公里处曲玛公路旁设立警示宣传牌，希望能更好地发挥警示宣传作用，号召当地藏族群众、社会各界一道关注和守护好拉孜的生灵草木。今年拉孜县还要在拉孜镇琼嘎村修建350亩人造林，专门用作黑颈鹤自然保护区的退化湿地修复。

拍完照片大家继续向前出发，我们也期待好奇着，一会儿村里的孩子们见到我们会是羞涩呢，还是开心呢。

驶过拉孜雅江大桥后，我们开到了白列村。周日中午暖融融的太阳出来，孩子们也成群结队在村口河边湿地上游戏追赶。我们刚下车，一时还犹豫着不知道从哪儿开始，孩子们却比我们更好奇，开始从很远处向我们跑来。他们可能也没见过太多停在村子里的陌生汉族人，几个带头的大孩子围了过来。我们三个做惯了正式的自我介绍，现在看着他们红红的脸蛋上还挂着“晶莹”的鼻涕，这会也不知道怎么开口介绍了。

一对像姐弟俩的孩子问我们是不是要去村里找谁，说可以带我们去。还好，他们都会说汉语。“律师”“援藏工作”“公益”，这些平时挂在嘴边的词这会儿说出来却有点犹豫，生怕又给我们和这些懵懂的孩子之间增加了距离感。

寇律师看我俩在车头前面红耳赤地跟孩子们连比画带说，便自己绕到车后，打开后备箱，把满车的文具书本往外拿。听懂了我们笨拙解释的大孩子转头向身后不远处安静围观的孩子们招手，孩子群马上叽叽喳喳活跃了起来。远一点的小朋友也翻过河边的护栏铁丝网，跑回马路上和大家聚到一起。这些小孩子的热闹也打破了我和刘律师的窘迫，孩子们从刚开始的羞涩观察，变成兴奋好奇地不断向我们提问——你们是从哪儿来的呀？你们想去我们家里面吗？

刘律师、寇律师和我都被这突如其来又饱含诚意的欢迎感染到了——有两个小男孩还主动拉起年龄最大的刘律师的手，要带我们一起到河滩上参与游戏。刘律师估计近些年也从没受到过这么多小朋友的热情邀请，玩性大发，任由小朋友拉着一起翻过河滩护栏，跑到半冰封的小河上。这个区域冬季水面很小，加上结冰和周边的冻土，非常安全。温暖的太阳烤着河滩上的碎冰一点点融化，刘律师索性脱了鞋袜，赤脚在冰面泥地上跟孩子们一起追逐打闹了起来。

不同于在大城市被钢筋混凝土保护隔离起来的孩子们，这些在高原旷野里兀自生长、同江鱼野鸟嬉戏长大的孩子，有着质朴热情和开放的生命力。面对一群面容和语言都和自己迥异的“外来者”，他们的身份在短短十几分钟之内，就从被家人管教保护的小朋友转化成对外来人照顾引导的小主人翁。

几个藏族小女孩也开始拉起了我的手，带着我去走更平缓的河滩坡道。看到护网对我来讲比较高，笨拙的我不太好翻越，小女孩们也不顾我的摆手作罢，拉起我就跑到两条护栏交会的缝隙处。两个孩子一左一右帮我把护栏拉开一个大洞，站在外面的孩子还细心地帮我托着羽绒服的衣摆，怕被不小心划破。等我安全到了大家的嬉戏区，几个孩子似乎比我还开心，终于带着我和小伙伴们全员汇集！

早已和孩子们追逐嬉闹在一起的两位男律师已经跑开了很远。大家似乎在这个正午都忘记了自己的年龄，也忘记了平时沉甸甸的工作任务和使命感，你追我赶、玩泥巴、打水漂，我们此刻的快乐和孩子们一样简单直接。

在这一月的西藏冬天里，低气温和紫外线的共同作用让很多孩子的小脸都红彤彤的，有的孩子的小手很凉。虽然中午的太阳晒得正好，可他们穿的夹克棉衣跟我们的羽绒服比还是太过于单薄。刚才孩子们和刘律师一起在冰河上追逐的时候，我特意观察了下他们的鞋子，很多小朋友还是穿着布鞋，基本没有穿厚靴子的孩子，有的孩子的鞋子磨损非常严重，感觉再跑几步就要磨透后跟或者露出脚趾。回到路边后，我问身边的孩子平时怎么吃饭，他们告诉我开学的时候有学校食堂的统一饭菜，回家里最常吃的还是糌粑。

他们兴致勃勃绯红的小脸像花朵一样，让我们暂时忽视了他们成长环境的艰苦不易；他们从嬉戏中获得的快乐又那么简单纯粹而具有欺骗性，让我们似乎忘记了其实他们的成长教育环境都需要更多的关注和物质支持。不知道夜幕降临寒气袭来后，他们回到家里是否都有厚棉靴保暖，是否都有热气腾腾的肉蛋奶保证营养。

下午临走的时候，我想拉着孩子们合影。刚开始大家还有点羞涩，等我一手抱起一个小家伙，一手抓到另一个小男孩儿时，其他孩子们顿时笑了起来。羞涩扭捏的氛围被打破，小朋友开始主动拉着我摆造型，对着镜头比“V”手势，露出洁白的牙齿，绽放出大大的笑容。告别时，孩子们里的小姐姐用小鹿斑比似的大眼睛看着我问，你们还会来看我们吗？下次来到我家里去喝甜茶吧。我的心瞬间被这样清澈直接的眼神融化，这眼神里满是孩子的单纯期待和友善。

会的，我用力地深深点头，回答小姑娘。

希望下次来不仅能给你们送来文具和零食，还能带来更多社会爱心人士的爱和帮助，能让更多的社会友爱善意关注到你们，也能让最迫切需要援助的孩子得到更有针对性的和持续的定向支持。我们这次要走了，但希望能努力把你们的纯粹和快乐留下；我们回去后也会更加积极地尝试用自己的途径，找到更好的公益出口，把更有意义的爱和帮助送给你们，把你们无忧无虑健康成长的纯净微笑留下。

2023 年 1 月 8 日

于拉孜县人民法院宿舍

第四章　法律人藏地观察

4.1 藏食记

“闫律师，今天早上食堂做了藏面油饼，你来西藏这么久，吃过我们的藏面没，跟你们汉族的拉面比，味道像不像？”周日一早刚迈进法院的职工餐厅，拉孜法院副院长次旦多杰便和我大声打招呼。

“杨师傅今天早上做的是藏面呀。藏面当然吃过！我们还没到拉孜时，大家在拉萨中转的时候就跑去八廓街外吃了藏面、喝了甜茶。藏面吃起来比兰州拉面更硬、更劲道，那个牦牛肉汤底再加一小把小葱花，可太美味了。”

“那你来尝尝我做的藏面有没有八廓街的藏面好吃。”法院食堂的大厨杨师傅笑着给我盛了满满一碗藏面，还往我的藏式小托盘里夹了两张油饼子。

7 月我们三个援藏律师来到拉孜后，县委领导把我们安排在政府大食堂和公务员们一起吃饭。最近藏族聚居区出现疫情后，街道上的餐厅都暂时停业了，严峻时期大家在居家隔离，政府食堂也不能堂食。法院的职工食堂在院里面，跟外面街道隔离形成一个自成体系的小社区，再因大家全部都冲在了一线当志愿者送物资、做检疫，这个小食堂就继续供给，照顾着大家的胃和疲惫的身体。

虽然大家每天可以在街道群里发消息，联系志愿者帮忙去菜店买物资自己做饭，但次旦多杰院长还是很关心我，提醒我只要和大家一样注意好防护，也可以和法官书记员们一起去食堂吃饭，这让我感到很温暖。

食堂杨师傅是生在重庆、长在四川大凉山的川菜大厨，很多年前就到拉孜来了，除了会做一手川菜，也跟着食堂的藏族阿佳学了地道的藏餐，这样汉族藏族的胃口都能被兼顾到。杨师傅还是个朴实的热心肠，他也住在法院宿舍，平时周末会主动帮值班的同事们做工作餐；现在疫情期间大家不分昼夜奋战，杨师傅也没了假期，每天当晚归的志愿者们回来，杨师傅还会再给大家开火热饭。热饭菜一下肚，大家一天的疲惫逐渐消散。

今天这藏面的味道果然地道！来过西藏的人一定都尝过，藏面虽然也是用小麦粉做的，但跟内地的面不同，乍吃起来面条里面硬硬的像是夹生了。做法是提前把压好的面条下到牦牛肉汤锅中，烫热捞到碗里，浇上肉汤和牛肉丁，撒上少量的盐和葱花，旁边再摆上一小碟酸萝卜，桌上要是再有点藏式樟木辣酱，那就成一餐标准的藏式美味了。藏面用藏式小碗盛，一份儿量不大，点餐时当地人会再配些肉馅儿油饼、藏包子或者炸土豆条。油饼子表面涂上樟木辣酱，吃的时候再蘸一下藏面汤，刚一入口只觉鲜美，慢慢地樟木辣酱在嘴里转几圈晕开后，辣味可就发挥得淋漓尽致，令人鼻尖冒汗了。樟木辣酱产自日喀则市聂拉木县樟木镇，该地处于喜马拉雅山脉腹地的高山深谷中。西藏夏尔巴人在这里种植夏尔巴辣椒，其成了樟木辣酱最好的原材料。

平日的早餐，除了有杨师傅做的稀饭馒头外，藏式糌粑也是常备品，这可是很多藏族群众每天必吃的主食。

杨师傅的灶台窗口上一直放着一大碗熟青稞面（把青稞晒干炒熟，不去皮磨成细面），大家吃糌粑的时候，都是先抓一把青稞面倒进碗里，再徐徐加进酥油茶，用手不断搅匀直到能捏成团，吃的时候也要用手不断在碗里搅捏，送嘴而食。酥油茶有种淡淡的咸香味，有条件的话再放点白砂糖或者奶渣子，甜甜的糌粑就做好了。对于藏族聚居区的牧民来说，糌粑方便在野外食用，加工时只需用一点酥油茶或者热水就行，不用麻烦地生火，而且糌粑热量高，很适合充饥御寒，还便于携带和储藏。所以传统的藏族牧民服饰的腰带上总挂着一个糌粑口袋，牧民们饿了就从口袋里抓把糌粑吃。有时候牧民还会在怀里揣一个小木碗，饿了掏出来，倒点糌粑和酥油茶，加点盐或糖搅几下就能吃了。

午餐和晚餐有时还供应传统藏餐中的疙瘩面、藏包子、藏饺子。

在早期，藏族同胞每家每户只有在藏历新年的除夕夜，才能吃到疙瘩面作为年夜饭。疙瘩面藏语叫“古突”，是用牛羊肉、萝卜做汤，将面团揉开后揪成类似于陕西麻食、山西面鱼儿一样的“猫耳朵”，下锅做成的一种带汤面食。纯正的藏式“古突”出锅时还要撒上些野葱、细奶渣，这样味道就更西藏了。在西藏寒冷的冬天，盛上一大碗疙瘩面，捧着蹲坐在炉子旁边，疙瘩面“咕嘟咕嘟”下肚，马上就暖遍全身，等消化后暖暖地睡个安稳觉，严冬夜晚也好熬了。

藏包子的味道和天津小笼包、开封灌汤包的味道很不相同，藏包子圆白白的瓷实的样子被藏族人叫作“牛眼睛包子”。做藏包子不用发面，将青稞面或者白面烫好后，不用擀面杖直接用手捏成皮。包子以羊肉为主馅，再加上羊板油和胡萝卜丁，上笼屉蒸熟后蘸着蒜泥、醋、酱油和樟木辣酱吃。听食堂阿佳说，做藏包子的羊肉馅儿必须要一刀刀地切割，不能用刀剁，这样才香而不腻。

藏饺子和藏包子有异曲同工之妙，藏语叫“吐巴”。藏饺子也分干饺和汤饺，羊肉馅加上白萝卜或胡萝卜碎，捏成柳叶状，被藏族人形象地叫作“老鼠饺子”，干饺子蘸辣酱，汤饺子喝辣汤，很是美味。

县法院和司法局门口的曲下路和老中尼路上，还开了一些小小的藏式甜茶店、小吃店，里面卖的也是地道的藏餐。由于处在祖国的最西南边疆，这里和内地东部交往没那么便捷，近几年传统藏餐受到了四川、重庆务工人员的影响，本地藏餐口味也变得辛辣。

从法律援助中心回法院宿舍的路上，会经过欧珠凉粉店、乃康琼琼藏餐店、阳光甜茶店、青稞饼子店和尼泊尔餐厅。最受县城藏族年轻人喜欢的藏式小吃便是凉粉凉面、黑白宽粉、凉冰、藏饺这些川味化的小吃和各式各样的炸土豆片、土豆条。

当然，在藏族聚居区不管配什么餐，甜茶和酥油茶都是少不了的。

在甜茶馆或藏餐店，藏族群众都喜欢早上点一暖瓶甜茶喝一整个上午。店家端出来的甜茶里已经沥出了茶叶，它更像内地年轻人喜欢喝的丝袜奶茶（没有珍珠）或者加了糖和奶的英式红茶。据说藏族做甜茶用的茶叶是来自邻国尼泊尔、印度的红茶，将其和牛奶、糖一起煮沸；做酥油茶用的茶叶是从传统的茶马古道驮来的由内地黑茶、普洱等做成的茶砖，加上酥油和盐巴一起熬制成乳状。

一暖瓶甜茶或酥油茶有 1 磅到 10 磅重量不一的标准，两磅的甜茶大约可以灌满一个 500 毫升的水壶，一般要价六块钱，够两位一起来的朋友舒服地喝上好几杯。甜茶香甜可口，营养丰富且价格低廉；酥油茶用当地特色的酥油作原料，不仅口感醇香味美，还有防御严寒、提神醒脑、缓解高原反应的作用。

还有一种藏族甜食青稞酸奶也让我特别喜欢。西藏的酸奶一种叫“达雪”，其以提炼过酥油的牛奶为原料；另一种称“俄雪”，其用没提炼过酥油的牛奶制作。纯牦牛奶发酵成的酸奶呈乳白色糊状，有时候会凝结成块。撒上一层白砂糖，再铺一层熟青稞种子，搅拌均匀后奶味浓郁丝滑、细腻香醇，青稞吃进嘴里“咯吱咯吱”响。

最后还不得不提一下大名鼎鼎的青稞酒，它是西藏人民最喜欢喝的酒，不管是青稞米酒还是青稞啤酒，度数都只有4度左右，是藏族群众们逢年过节、结婚生孩子、迎送亲友必不可少的东西。据说在公元7世纪，文成公主入藏，把长安的汉族酿酒技术传到藏地，经过1300多年发展，以青稞酒为载体的藏族酒文化自成一派，和酥油茶、哈达一起成为藏族文化的典型代表。

在我们援藏小队奔赴拉孜的路上，一路接待的藏族朋友们就展示了青稞酒的礼仪文化。在重大的节日或者迎接尊贵的客人时，有条件的藏族人还会用银制的酒壶、酒杯，并在壶嘴上和杯口边上粘一点酥油招待客人；主人向客人敬第一杯酒时，客人要用右手无名指尖蘸上一点青稞酒，对天空上、左、右三面弹洒三下。酒量大的客人还会被主人敬“三口一杯”酒：“三口一杯”是要客人连续喝三口，每喝一口后主人就再添满，添完第三次后的第四杯客人要一饮而尽。藏族同胞在酒宴上还会经常唱酒歌，伴着悠扬低沉的藏语歌曲，清香、绵甜的青稞酒开始让人渐渐放松，让人渐渐领略到独具风格的高原风味。

在司法局门外，藏族爷爷奶奶们经常三五成群在道牙上或路边随地而坐，聚在一起喝酒聊天晒太阳，一待就是一天。我有时候会好奇地蹲下来看他们在聊什么，想和他们合照，藏族爷爷奶奶们都会对着我或热情或羞涩地笑，友善地配合我摆不同姿势。有的藏族爷爷还会立马斟上一杯自家酿的青稞酒递给我，比画着做手势，欢迎我加入一起喝。有时遇到带着六弦琴的藏族大哥，他也会不推辞地直接给我演奏一段堆谐歌曲。和平与爱，心灵的宁静和精神的自由，飘香的糌粑、酥油、青稞酒，我隐隐感到，似乎自己的内心也在经历着解构与重构……

2022 年 9 月 25 日

于拉孜县人民法院食堂的大圆桌

4.2 穿起藏袍跳堆谐

上周四晚上，日喀则市新冠联防小组发布公告，全市从10月29日起全面恢复正常生产生活秩序。自8月7日西藏新冠疫情爆发以来，经过全区人民两个多月努力和全国各省份的无私支援，疫情防控取得了重大阶段性成果，各县区都要撤除疫情防控卡点，取消各类通行证明材料，全市人民终于恢复自由流动啦！

拉孜县从上个月10日起已经解除静默管理，最近一个月来，明显感觉到县城的活力在逐步复苏，商店餐馆恢复了生机，大街上活动的藏族群众们也一天天多了起来。

今天早上我去司法局二楼法律援助中心上班，还没进院子，就被正对大门的街道两侧“宏大浩荡”的牛羊肉摊惊到。县司法局所在的街道叫老中尼路，是横穿拉孜县城的主干道，在我们3万人的县城里相当于上海市区的“南京东路”了。现在气温降低加上解封，村里的牧民拉着牦牛肉、山羊肉、绵羊肉到城里，在老中尼路口自发形成了一个农贸集市，相当于新疆维吾尔族的“大巴扎”。

中午吃过午饭，司法局法治宣传科热情的藏族小伙子旦增塔杰跟我和寇博谭律师说：“走，趁着太阳好咱们到对面的摊位上看看，带你们见识见识我们最好的绵羊肉。”那会儿来问价买肉的人正多，牧民在家里剥好了羊皮牛皮，稍微风干后整只整只地拉过来，风干的山羊甚至还保持着蹲坐的姿势。

藏族饮食禁忌较多，由于藏族聚居区流行天葬和水葬，藏族群众一般不吃马、驴、骡、飞鸟和鱼虾蛇鳝等水产海鲜。藏菜中除了糌粑、青稞等主食以外，夏天以“白食”即奶制品为主，冬天以“红食”即肉制品为主。酥油、茶叶、糌粑、牛羊肉被称为西藏饮食的“四宝”，其中牦牛被称为“高原之舟”，高原地区因为蔬菜少，饮食会比内地单调点，进入冬季后，拉孜的气温会降至零下二十多度，牛羊肉能温补御寒，藏族群众都会集中采购牛羊肉作为过冬食物及藏历新年的年货。他们一般将一整只牛羊买回家，再将牛羊肉割成肉条，不能暴晒，要挂在阴凉处自然风干，做饭的时候拿出一小条肉下锅。藏族家家户户的帐篷外都可以看到风干的牛羊肉，藏族群众也习惯直接生吃，肉干原汁原味松脆有嚼劲，也可以蘸着辣椒粉和盐，配着青稞酒吃，这是只有在青藏高原才吃得到的特色。

菜店里卖的绵羊肉和牦牛肉都是四十多元钱一斤，但在集市上不按斤卖，绵羊和山羊都是2400元一整只卖，也可以1200元买半只，再少可就不卖了。想起之前，藏族同事下乡时也买回来了纯正的牦牛肉干让大家生吃品尝，虽然自己从来没吃过生牛肉，但强烈的好奇心盖过了顾虑，咬一口下去，肉干没什么水分，几乎没有腥味，跟平时吃的卤牛肉干、涮肥牛、炖牛肉比口感完全不同，品尝到的只有纯纯的自然的肉香，是一种非常特殊的味道。

路边道牙上围坐在一起喝青稞酒、喝甜茶、弹六弦琴的藏族群众们，来镇上办事的僧侣们也多了起来，大街上热热闹闹。

司法局门口的藏式手工艺店今天也开门了，藏族老板把店里售卖的六弦琴和唐卡都挂了出来。六弦琴藏语叫作“扎木聂”，“扎木”指声音，“聂”指悦耳好听。老板说这是藏族人民自己创造的乡土乐器，在藏传佛教寺院门前都有四大天王塑像，其中一位手中所持的乐器就是六弦琴。不仅是逢年过节、丰收或集会，拉孜人民平日随时随地都爱用堆谐配着六弦琴的欢快琴声抒发心中的喜悦。今天门口喝酒的一位藏族大哥也带着自己的六弦琴，我拿出手机打开录像模式请大哥为我们弹一段，大哥也没推辞，坐在台阶上把琴箱斜置在右腿上，琴头斜向左方，左手持琴按弦，右手弹拨片，声音清脆明亮。

其实六弦琴最常用来给藏族人民的堆谐舞伴奏。“堆”是指雅鲁藏布江上游从日喀则市的拉孜到定日县一带以及阿里的部分地区，即西藏地势较高之处；“谐”为歌舞的意思，“堆谐”即堆地区人们所跳的一种舞蹈。拉孜堆谐起源于八思巴时期，距今已有700多年的历史，在日喀则最为盛行，大家边弹六弦琴边跳堆谐，古朴狂放，堆谐有点像藏式的“踢踏舞”。

听司法局同事旦增塔杰给我们科普，堆谐又分南北两派，珠峰所在的南边的定日县代表南派，北边的拉孜代表北派。北派拉孜堆谐要求步伐轻、重、缓、急的多样化，要求上身平稳而不能左右晃动，舞者有时会在头上放一碗水，跳完后滴水不洒；北派拉孜堆谐跳时前后移动较多，手势比南派少，风格自由、活泼、欢快、有力。南派的定日堆谐手势比北派丰富，整个动作自由、活泼、奔放、潇洒。吐蕃时期的西藏堆谐艺人要么是以卖艺为生的流浪艺人，他们的演出对象是平民和农牧民；要么是专业的艺人，主要在室内为贵族跳舞。现在拉孜县城80%的群众都会弹六弦琴、跳堆谐舞。

2007年，拉孜堆谐节目《飞弦踏春》登上春晚舞台；2008年，拉孜堆谐被列入国家级非物质文化遗产名录；2018年，藏族姑娘格桑卓玛带着拉孜艺术团的姑娘小伙儿，让拉孜堆谐代表中国登上了北京亚洲文化嘉年华活动的演出现场。县艺术团的90后姑娘格桑卓玛是皮吉家族第五代拉孜堆谐传承人，她从8岁开始就在父亲身边学习拉孜堆谐。另一名被央视新闻采访过的更具有传奇色彩的拉孜堆谐继承人是67岁的藏族老人拉巴，他从 13 岁开始自学摸索六弦琴和堆谐，现在患有哮喘的 67 岁的拉巴已经跳不动了，但他爱看年轻人跳，乐于教他们跳，给他们编舞，让更多的拉孜年轻人爱上了堆谐。

下午下班天还没黑，我顺着老中尼路走到曲下路，路边好多藏式成衣店开门了，门口挂着的日常的藏式服装原来并不像电视节目里看到的那么富丽、盛重。青藏高原气候寒冷，所以牧区藏族群众的服装的基本特征是厚重宽大，为了适应逐水草而居的生活他们将服装设计为大襟、束腰，还在胸前留一个突出的空隙存放酥油、糌粑、饭碗。中午太阳出来可以脱掉一个袖子，牧民夜晚睡觉，解开羊皮袍子铺一半盖一半，就像在一个大睡袋里。牧区藏族群众还习惯将头发分辫成无数根小辫，将绿松石、红珊瑚珠、蜜蜡、天珠等直接穿串固定在发辫中。

在拉孜街上看到的普通藏族老百姓身着的日常藏装很居家。我挑了一家看起来比较大的藏装店进去，跟以前想象的样子不同，最日常简单的女式藏装分三部分：内穿各种颜色与花纹的薄衬衣（藏语称为“玟玖”），外面是连体的罩衫裙子（藏语称夏裙为“曲巴普美”，称冬裙为“曲巴普祐”），腰前一块缝在各色花腰带上的有着彩色花纹的围裙（藏语称为“邦典”）。老板娘和正好在店里挑衣服的一对藏族姐妹花看到我一个不会说藏语的汉族人来买藏装，表现出了极大的兴趣和热情，又帮我挑衬衫搭配花色，又帮我缝腰带和围裙，还耐心地教我怎么穿脱。

穿藏袍还必须要戴饰品，耳环、项链、手镯、戒指、胸针都可以。最后老板娘为了帮我固定衬衫和套裙，还送了我一个充满藏式风格的蓝花胸针，既有功能性，又成了我这套藏裙的点睛之笔。

明天就穿着这套藏裙去上班！

2022 年 10 月 31 日

于拉孜县人民法院宿舍

4.3　神秘的藏医

得知我要做公益律师援藏，身边很多亲人朋友、同事同学都以各种方式牵挂着我，大家既担心我的身体能不能适应高原的严峻环境，又对神秘的藏族聚居区充满敬畏与好奇。

之前在上海的客户有研究医药的，在长期的合作服务中也成为相互理解的好朋友，还有位老同学是皮肤科医生，听说我到了拉孜后，大家都经常打来电话关心我的身体状况。这些医生和研究员经常提醒我在高原的强紫外线下一定要注意好防晒，避免对皮肤和眼睛造成不可逆的伤害。同时朋友们还嘱托我有机会在当地多了解一些藏医文化，帮他们带一些医典和藏药回去，这些珍贵的药材和药方，对于医学研究者研究神秘的藏族医学文化，发掘藏族人民传承下来的宝贵经验和智慧有着重要的意义。

我身处藏族聚居区腹地的日喀则，接触藏医的机会比想象的还多、还容易。因为在我住的县人民法院宿舍大院门口便开着一家传统藏医诊所，县城里还有一家拉孜县白露藏医院。处理完手头的工作，这个周末就来好好学习一下藏医文化。

我决定先去法院门口的“拉孜碧珠雅藏医门诊室”，门诊室门上挂着的汉藏双语牌匾写着这里还是“西藏拉孜拉常传统藏医药师承研究基地”。一进门，赫然映入眼帘的是一整面墙的类似中医“七星斗柜”的藏药匣子，以及另一面墙上挂着的两幅唐卡和一幅类似周易八卦图的藏图。

门诊室的医师叫旺久，毕业于西藏藏医药大学，还取得了拉孜县人民政府颁发的“县级非物质文化遗产（藏医药浴法）代表性传承人”证书。

来之前我便查过，2014 年西藏自治区就已将藏医药申报联合国人类非物质文化遗产代表作名录提上议事日程；2016 年年底藏医药项目在联合国教科文组织的申遗工作启动。此后，伴随各种磨难和艰辛，历经两年多的提升、打磨，在 2018 年 11 月 28 日“藏医药浴法——中国藏族有关生命健康和疾病防治的知识与实践”终于被联合国教科文组织列入《人类非物质文化遗产代表作名录》。

上午旺久不是特别忙，听说我是县里的援藏律师，还想学习了解藏医文化，他便给我倒了水，跟我讲起了藏医的发展历史和他自己求学成为一名藏医传承者的故事。

据记载藏医已有2300多年的历史，藏药学的文字记载也始于1300多年前。早在远古时代，生活在高原上的藏族人民在同大自然作艰苦斗争的过程中，逐步认识到了一些植物的性能及其用于治疗的药性特征；狩猎过程又使他们了解了一些动物的药理作用。在藏族史书中记载有“最早的疾病是消化不良，最原始的药是开水”，这说明藏族祖先们在恶劣环境中吃野果、生肉导致消化不良，在掌握如何使用火后，人们就知道了烧开的水有助于消化。藏族祖先在漫长的岁月中从自我保健和医治疾病中积累了大量的实践经验，为藏医药学的形成奠定了基础。

根据苯教的传说，敦巴辛饶是公认的雍仲苯教创始人，也是最早的藏医，他撰写的《藏医九显论》是雍仲苯教的第一本医典。在唐卡和雕塑中的敦巴辛饶佩戴有十三种装饰，他左手手心向上放在脐下作禅定姿势，双脚跏趺坐在莲花日月垫上，右手垂放在膝上，手中拿着雍仲，代表永恒的真理。藏医的集大成者为藏医学鼻祖宇妥·云丹贡布，他编写的《四部医典》的内容从基础理论到各科临床实践，包括人体解剖、胚胎发育、病因病理、治疗原则、临床各科、方剂药物、诊断与治疗器械等，对藏医学的建立和发展作出了巨大贡献；他也因此受到世代藏医和藏族人民的尊敬，被列为“吐蕃九名医”之首，被称为“雪域医圣宇脱王”。

藏医认为人体是由七种物质组成的，即精微（从饮食中获取）、血、肉、脂、骨、髓、精。人体的五脏六腑不是孤立的存在物，而是通过经络与其他器官联系在一起，构成了人体有机的整体；人与自然界也有密切关系，各项生理功能随着自然界的变化而受到影响。公元 8 世纪以后流传下来的藏医药文献中影响最大的有六部——《敦煌本藏医残卷》《月王药诊》《四部医典》《四部医典蓝琉璃》《晶珠本草》《正确认药图鉴》。

西藏和平解放后，雪域高原的新生也标志着藏医药学翻开了新篇章。1951 年西藏和平解放时，西南、西北两支医疗队随军进藏为藏族群众治病防病；1953 年，一支中央民族卫生工作大队入藏；1985 年，西藏大学校内设立了第一个藏医系；1989 年 9 月，西藏藏医学院正式成立。现在一个以藏医医疗机构为主体、以藏医药教育和科研为基础、以藏药产业为依托的藏医药医疗保健服务体系已经形成，藏医药文化传承也有了坚强的载体。

旺久医师的柜台里不仅放着各种五颜六色的藏文大部头医书和配置的藏药，还有一本粘贴着很多植物标本的大册子，这本大册子吸引了我的注意。

旺久医师告诉我，他从年轻时读书起，便经常去藏族聚居区的深山中观察和采草药，每发现一种新的草药，便小心翼翼地采集回去，按照医书的介绍分类制作成标本。一直到毕业做了医生后他还坚持着进山采药的习惯，这么多年来收集的标本也慢慢汇成了一本厚厚的大册子。

于是我脑海中浮现出一个单薄又倔强的年轻人的身影，他手持药耙，身背药篓，从晨雾蔽日到暮霭沉沉，一头扎进雪山深处的荒芜森林里。他肩扛晨曦初露，在黎明百鸟鸣中一寸寸俯身检查走过的路；他承星履草，在一簇簇杂草丛中集齐百草戴月披星满载而归。

两千年来，藏医药之所以在如此艰难的自然环境中历经动荡的战乱时代而生生不息、传承发扬，可能就是由这样一个个单薄的身影联结汇成了一堵抵抗外部冲击的身墙；这些藏医学徒、医师对自己民族文化的探索和保护，对先辈留下的宝贵经验和智慧的珍视和信仰，使藏医药文化的生机与活力从来没有减弱，并在社会主义新时代日益焕发出更璀璨的光彩。

2022 年 12 月 4 日

于拉孜县人民法院宿舍

4.4　盏盏酥油　点点心灯

今天是 12 月 18 日，是卡塔尔世界杯的决战之夜，同时也是藏历十月二十五日——在藏地最重要的节日之一“燃灯节”。燃灯节是一个纯粹的宗教性节日，为了纪念佛教改革家、格鲁派创始人宗喀巴大师而举行。藏语称该节日为“葛登阿曲”，又称“五公节”，在每年藏历十月二十五日举行。

从周五下班开始，县司法局的藏族同事旦增塔杰和扎西次仁便一直兴致勃勃地跟我介绍这个在藏历新年到来前最盛大的藏族节日，不停地描绘往年日喀则市的扎什伦布寺、拉萨市的大小昭寺举办活动时的盛况。他们告诉我，每到这一天，藏地寺院和俗家屋顶都要点亮无数盏酥油灯，寺庙会举行法会，僧人通宵念经，信教民众到寺庙转经祈祷，点灯祈福。

今天正好是周日，吃过午饭后，塔杰和次仁便喊我们跟他俩一起去拉孜县城内的达尔昌木其寺点灯。达尔昌木其寺的位置十分好找，就在县司法局所在的曲下镇老中尼路上，该寺是一座藏传佛教萨迦派寺院，也是萨迦派在拉孜县最大的寺院。传说达尔昌木其寺由莲花生大师的25位弟子之一的玛多仁青于公元780年创建；1450年，萨迦支派察尔巴派的祖师察钦洛萨加措上师扩建了寺院，因而其成为察尔巴派祖寺；1480年，贡嘎巴桑尊者再度扩建；1930年，堪钦贡桑彭措任寺住持弘扬佛法。历史上达尔昌木其寺的建筑面积有7000多平方米，“文化大革命”时期被毁；1987年，政府批准后由堪布西绕住持修复开放；2009年，达尔昌木其寺进一步恢复建设。达尔昌木其寺属于萨迦派寺院，但纪念格鲁派创始人宗喀巴大师的燃灯节不再受宗派的限制了。

藏传佛教，俗称“喇嘛教”，“喇嘛”在藏语里为“上师”或“导师”，一般指佛学知识渊博并收徒传教的高僧大德，后来信徒也亲切地称“活佛”为“喇嘛”，他们是密宗的弟子，是大乘佛教。我们汉族地区的佛教僧人被称为和尚、尼姑，他们是显宗的弟子，是小乘佛教。大乘佛教和小乘佛教的创始人都是释迦摩尼佛，小乘佛法更多追求自我完善与解脱，而“大乘”则是一个相对的概念。“乘”在梵中意为运载工具，比喻佛法济渡众生——小乘表示我的车很小，只能放得下自己（度已）；而大乘则表示我的车很大，能放得下世人（度人）。《西游记》中的唐僧在还未开始西天取经时，在说法的时候被观音菩萨点化："你这小乘佛教，度不得亡者超生，只可混俗和光而已。我有大乘佛经三藏，能超亡者升天，能度难人脱苦，能修无量寿生，能作无来无去。"

藏传佛教有五大宗派，其教义特点和供奉的藏传佛像都有所不同。我问塔杰和次仁，某个教派信徒可以去其他教派的寺庙拜佛吗？

塔杰认真地跟我解释，无论哪个教派，佛陀就是佛陀，走到哪里都是佛陀。他们的研习方法可能不同，但追求的精神境界和要人行善是一样的。历史上因为政治政权原因不同教派之间有过斗争，但对于现在的藏族信徒们来讲，他们往往是受家庭父母信仰的影响，不会对任何一个教派有偏见。

天还没黑下来的时候，我们走进了达尔昌木其寺里，院子的白墙下坐着一位砸大块土黄色硬糖的大叔，见我好奇地靠近蹲下，不会汉语的大叔对我连着说了好几句藏语。

我看向塔杰和次仁，担心是不是自己的举动冲撞了什么。塔杰说他是在让你拿一块糖尝一尝，这是要供奉在佛像前的吉祥的藏糖。

原来这就是经常听食堂阿佳提到的藏糖，形状像碗一样，也叫作"碗糖"。食堂阿佳跟我讲过，藏糖是用牦牛奶做的，将新鲜挤来的牦牛奶分离出酥油后，再将剩下的奶放锅里熬，熬好后倒入一个干净的白布袋做成的简易网兜，让水分慢慢沥干，剩在布兜之中的就是曲拉。要用石板把曲拉压挤干水分、晒干，再按照一定的比例添加酥油、白糖、红糖及酸奶熬制糖浆。食堂阿佳要一边煮一边在锅边不断搅动，直到糖浆熬成金黄就可以出锅了，要将熬好的糖浆倒在盆中，等凝固后就变成了“碗糖”。

记得曾在一篇统计报道中看过，全国各地区居民家庭人均糖类消费量排名第一的地区是西藏。好像确实是这样，高原极寒，农牧民体力消耗又大，糖类可以快速释放能量。例如，奶茶、糌粑等好几样藏族特色食品中都要加很多糖。更有意思的是“泼甜墙”——寺庙墙壁的涂料里也加了糖和牛奶，如每年都要重新粉刷一遍的布达拉宫的外墙，白色的涂料里有牛奶、白糖、蜂蜜、藏红花和马粪，这样可以让涂料的黏稠度更高、墙面耐腐蚀、墙面不容易脱落。

晚上快9点太阳才落山，点点灯光开始闪烁起来。顺着塔杰和次仁所指的方向，我看到拉孜广场的树枝上挂上了酥油灯，很多藏式土房的楼顶矮墙上和窗台上也亮起了长排单数的酥油灯，火苗微微摇曳，仿佛是跟着诵经的节奏在跳动，远处的灯盏连成一片朦朦胧胧的暖黄。

达尔昌木其寺的喇嘛沙弥也开始诵祈愿经，灯光之下，佛经之间，酥油香弥漫，恍恍惚惚之中，只识得“六字真言”唵嘛呢叭咪吽。悄悄看了眼身边已经开始虔诚礼拜的朋友，口中有经，心中向善，此时，油灯燃亮心佛，银河降落人间。

2022 年 12 月 18 日

于拉孜县人民法院宿舍

4.5 百炼钢与绕指柔

拉孜的冬天干冷干冷的。

今年的春节要比往年来得早，下个月二十一日就是除夕，而藏历新年正好比农历春节晚一个月。最近在外务工的拉孜藏族群众返乡潮已经开始，年关将至，大家辛苦了一年快要到头，农民工急着讨工资、做小生意的人也急着追债要到钱，好回家准备过年。每天来窗口找我们咨询、寻求帮助的藏族群众们也越来越多。

拉孜法院的法官和我们一样忙碌，昨天是周六也都加了一天班。昨晚天黑后，我回到法院宿舍大院，正好遇到几个法官和助理、书记员刚刚关了灯，从值班室出来。

大家一起踩着篮球场旁边的路灯倒影，往宿舍楼方向走。路上法院副院长次旦多杰法官突然问我明天有没有什么安排。我们三个援藏律师前两天就和政府办公室的同志次旺罗杰约好了，因为对大名鼎鼎又神秘的拉孜藏刀慕名已久，故打算请次旺罗杰周日上午开车带我们去拉孜镇，一起拜访藏刀手工艺人。

说完我的计划后，次多法官身边的书记员，年轻的藏族姑娘达娃潘多，像只开心的小鸟一样提议道："那你中午回来后和我们一起去拉孜温泉吧。"还没等我反应过来，法官助理次仁央珍接着说："我们明天下午都去拉孜温泉，本来是次多法官的太太的腿受伤了，医生让她去泡温泉疗养。可现在天太冷了，我们周末都想要一起去。"

刚来拉孜就听说过，在县城东北边 15 公里处有一个天然形成的温泉，它在当地藏族群众们眼里是圣洁的药浴，可以治很多疾病。但因为之前要适应大量的法律援助工作，高反还比较严重，疫情期间又不方便外出，再加上身边两位援藏伙伴还都是男士，所以一直没机会找人同行。达娃潘多好像看出了我心动的样子，赶紧补充道："我们车子坐得下，闫律师你不想去大池子的话还有单独的小池子泡呢。""谢谢达潘，那明天下午我就跟大家一起去吧！"

一觉醒来，到了今天上午 10 点，次旺罗杰开车接到了我们，大家在曲下路上找了一家名叫"纯净藏餐"的小店，一人吃了一碗藏面，喝了一杯两块钱的甜茶后，次旺罗杰带着我们，开启了探访拉孜藏刀之旅。

次旺罗杰就出生在拉孜镇，他告诉我们，想要去看真正的藏刀就要去拉孜镇拉孜村，村里的普达瓦祖上六代都是做藏刀的手工艺人，他也是西藏非物质文化遗产拉孜藏刀制作技艺代表性传承人。除了普达瓦一家，很有名的还有一位叫次旦旺加的老师傅，住在比较远的拉孜县柳乡孜龙村。2008 年拉孜县的藏族金属锻造技艺（藏刀锻制技艺）被列入第二批国家级非物质文化遗产名录，普达瓦和次旦旺加就是为数不多的官方正式认证的非遗传承人。

之前也听说过一些少数民族比较有特点的名刀：比如地处塔里木盆地西缘、昆仑山北麓，作为古丝绸之路的驿站的英吉沙县出产的维吾尔族“英吉沙小刀”，以精美的造型纹饰和锋利的刃口而出名；有甘肃省积石山保安族出产的“保安腰刀”，据说最能代表保安腰刀的是一种“折花刀”，工艺复杂刀体刚柔相济，弹性好、纹理奇、刀刃锋；还有一种流传于云南省德宏傣族景颇族自治州陇川县西北部的户撒乡，即当地混居的景颇族和傈僳族用的背刀，傣族和阿昌族喜爱的尖刀和砍刀，甚至其他民族用的菜刀和镰刀，它们都被统称为“户撒刀”或“阿昌刀”。藏刀以其极具野性的力量美和神秘色彩，它和唐刀、苗刀等都是中国冷兵器史中具代表性的名刀之一。

出了县城开了大概 11 公里，我们就到了拉孜镇上。次旺罗杰把车停到了一个铁栅栏院子外，关闭的栅栏门上挂着一个纸板做的告示牌“拉孜县罗康手工藏刀农民专业合作社”，下面写着一串手机号码。

次旺打完电话后，不一会儿一个穿着厚重的羊皮藏袍、戴着边沿翻卷的羔皮帽、面孔黝黑、身材精瘦的藏族大哥从不远处跑了过来给我们开门，带我们进去。次旺悄悄跟我们说他就是普达瓦的女婿旦增。说明来意后，旦增告诉我们他可以先带我们看看别人预定的已经做好的藏刀，还告诉我们普达瓦和他的儿子多吉占堆今天去了县城里，要等一会儿才能回来。

次旺罗杰在一旁跟我们介绍，据说在15世纪，藏戏的开山鼻祖、桥梁建筑大师唐东杰布在雅鲁藏布江上修建铁索桥时（之前提到过的刑事法律援藏案件中的被告人盗窃了国家二级文物彭措林乡铁索桥的三十环铁链，该铁索桥就出自唐东杰布大师之手），他召集建桥的能工巧匠里就有普达瓦的祖先，打铁技艺也就这样代代传给了普达瓦家族的后人们。

女婿旦增带着我们走进了一个类似简易展厅或老百货商店的房间，他走进柜台后面，开始给我们往外拿展示的成品。

柜台里摆放的拉孜刀很明显都有普达瓦家族的统一风格：刀鞘用藏银或者红铜打制，上面有龙、虎、凤或藏传佛教的宝瓶、荷花、法轮等传统雕花；刀柄缠绕红铜线或者银线，还用黑色或深棕的牦牛角装饰。刀的形状有直有弯，最长的有将近半米，最短的还不到10公分。同行的寇博谭律师看到这些宝刀后，男生的天性一下子被激发出来，他举起一把长长的银制直刀喊我给他拍照。

我拿出一把秀气的小短刀，问能不能拔出刀刃试一试。旦增点点头，但立马跟上一句小心，刃口特别锋利，不要伤着人。

一把好刀的刃口的刚性要强，含钢量越硬越锋利。我们拔出的刀刃有银白色又有暗黑色，旦增解释说最结实锋利的刀刃是用黑钢做的，现在成了工艺品，也有用藏银做的。次旺罗杰在身后补充道："现在做一把藏刀起码有十几道工序，都是纯手工，问他们订作一把刀要打上十几天。淬火技术好，刀锋才会锋利，火大了易断，火小了刀口软，他们淬火的时候要加进去西藏特有的酥油、动物血和藏青果，这个秘诀配方他们都不对外说，我也没亲眼见过。"

普达瓦制作的藏刀从刀鞘的制胚、焊接、加固、定边、刻花、上色，到刀刃的锻造、锉磨、抛光等，共有 12 道工序，锻造炼刀还要加入酥油、动物血和藏青果，这个可太神奇了。我们三个面对这么精美的银饰雕花、闪着寒光的刀刃，又听到每把刀背后千百次捶打的繁复工序，当即决定请旦增帮我们每人预定一把藏刀。

旦增在柜台上的一个厚厚的账簿上登记好我们的名字和联系电话后，又领着我们参观了整个"农民合作社"院子。

院内另一侧的矮房就是打铁淬火炼刀的工作间。大家推开木门，并没有想象中的很多精密的仪器工具，或者安置的井井有条的淬火炉子、锤炼台，而是锉刀、锤子、烧火盆子和各种看不出具体功能的桶缸密密麻麻地摆放着。旦增脱下厚重的羔羊袍子和帽子，换了身薄衣服坐下，在毡垫儿上给我们演示藏刀的锉磨技术。我们想拍照录像留念，旦增也配合地招呼我们找角度。

在回拉孜县城的路上，次旺罗杰跟我们补充道，自治区每年还会给普达瓦发 3000 元资金，作为非物质文化遗产传承保护经费。普达瓦和他的儿子多吉占堆在 2018 年成立了这个合作社、注册了商标，不仅自己做藏刀，还招收了附近很多贫困户的孩子做学徒，既培养了更多的传人传承藏刀技艺，又带动了镇上的人共同富裕。现在全自治区对藏刀工艺的宣传力度增大，全国各地的订单都到了拉孜，普达瓦一家卖刀明显让周边的家庭都一起富裕了起来。

藏刀已有 1600 多年的生产历史，西藏高原自然条件艰苦恶劣，最初的藏刀对于藏族牧民来讲，是防豺狼野兽或土匪的武器。藏刀的刀鞘上都设计了一个小环，用来把刀挂在藏族男人的腰带上，既美观又震慑。当然藏族群众也用它来切肉甚至砍柴，它是生活中不可或缺的实用工具。在我们这些外地人心里，威风凛凛的藏刀已经跟藏族人民的民族特性挂钩甚至融为一体，他们勇敢、豪放不羁、吃苦耐劳。今天大家都预订了把藏刀带回去，等我们援期结束后，我们也能把藏族的风格和藏族群众的风采一起带回家，展示给亲朋好友，也永远留存在身边。

我们看完藏刀后，中午回到了法院宿舍，吃完饭暖融融的太阳也出来了。我还沉浸在上午看刀的惊叹中没缓过神，宿舍楼下的汽车喇叭声把我拉回了现实。探出头往窗外看，达娃潘多和次仁央珍已经站在楼下正在冲我招手。

“闫律师你带上洗发膏和毛巾，咱们出发去拉孜温泉啦。”

“好嘞，马上就下来！”

路上我问达娃潘多温泉在什么地方，达娃潘多冲我眨眨眼睛：“温泉就在温泉乡、温泉村。”次仁央珍在旁边笑道：“我们这个温泉叫作‘锡钦泉’，一直都有，只不过以前没开发过，泉水随意喷流。这几年村民在政府带动下在温泉旁边修起了房子，建起了浴池，开始发展旅游业，虽然跟羊八井比还比较简陋，但也很出名哦，日喀则市里的人，还有去爬珠峰的人，都会特意开车到我们县来泡拉孜温泉。后面那个村子直接改名成了温泉乡温泉村。”

羊八井温泉我倒是听说过，在距离拉萨市区 2 小时车程、拉萨西北方向 90 公里的当雄县境内。听说羊八井这里有喷泉、温泉、热泉、沸泉、热水湖，温度能常年保持在 47℃左右。由于水温太高，需要先经过两个露天水池的降温，才能供游客洗浴。除了羊八井温泉，出名的还有位于拉萨市墨竹工卡县日多乡，被称为“圣泉”的日多温泉；传说由莲花生大师开光，位于拉萨市墨竹工卡县门巴乡德仲村的德宗温泉；位于日喀则市东南部亚东县康布乡康布村一条狭窄的山沟里的康布温泉——在经书中被称为“天下第二隐修地”，在不丹、锡金享有世界药王泉之声誉。这四个温泉并称“西藏四大圣泉”，是西藏人民心中圣洁且可以洗除百病的好地方。

西藏温泉浴最早在公元 8 世纪成书的藏医学重要医典《四部医典》中就有记载。之前去拜访藏医的时候，拉孜碧珠雅藏医门诊室的久旺医师还特意给我介绍过天然温泉水浴疗法在藏医学中的独特地位。藏族人民认为温泉是上天给西藏馈赠的礼物，泉水中含有硫磺、寒水石、石沥青、款冬花、煤等多种对人体有益的矿物质，可以治疗胃溃疡、肾虚、浮肿、风湿性关节炎、类风湿、躯体僵硬、疮、痛、疥、疡症，还可疏通经络，调和气血，消除病症。传说在莲花生大师开光的德宗温泉里，当气温变高的时候还会出现许多药蛇，但药蛇从不伤人，反而会增加水的治病功能。还有一本藏传佛教经书《五部遗教》对温泉也有记载，其中提到莲花生大师亲临温泉沐浴后曰：在此沐浴，能洗掉人以往的罪孽，能洗净人的灵魂。

等我们到了拉孜温泉办好登记，达娃潘多就拉着我往一个雾气腾腾的木结构的无顶大房间跑去，兴冲冲地给我介绍：“我先带你去看看村民混浴的大池子。”我还没迈上台阶看到人和房间的全貌，温泉的热气便透过缝隙迎面扑来，猛一进来感觉烟雾缭绕像进了西游记里的仙境。

等眼睛适应了雾气后，眼前的景象让我很意外。房间里只有一个很大的长方形池子，露天，池子里的人不少，男人都只穿了贴身的内裤，年龄较大的女性也有很多同样赤裸着上半身，坦然地和男人们在一个池子里泡着，池子也并没有十分明显地划分男女区域。在这里只有看起来比较年轻的女孩子有的穿着上半身的内衣或者类似衬衫的浴衣，池子一周设有木头围墙，池边未下水的男女老少大多只裹一件藏袍或被子，他们走到池边都会很自然地脱掉外衣下水。池子四面到墙壁之间的地上还排放着藏式沙发，泡完澡的人可以裹着被子躺在上面睡觉，还有人直接在沙发旁边的地上铺上了毯子，一家人在毯子上喝茶休息。

从没见过半裸混浴的我，一时有点不知道看向哪里。达娃潘多跟在我后面，告诉我要是不适应在这儿泡的话，还有单独的小浴池。我赶紧谢过达娃潘多，让她带我去小池子。

出来后我小声地问达娃潘多，泡露天温泉时大家都不喜欢穿泳装或者浴袍吗？达娃潘多说，这是因为藏族人认为泡澡可以治病，只有让温泉水接触到皮肤其中的矿物质才能渗透进身体里，穿上衣服效果就不好了。我又追问了一句，男女都不穿衣服在一个池子里，会不好意思吗？这次好像换成了达娃潘多惊讶，她告诉我大家不会这么想的，温泉是“圣水”，可以洗涤一切杂念和污垢，在这儿大家都在专心用温泉水治病疗养，就像你去看医生做检查的时候怎么会不好意思呢。我看着达娃潘多认真的表情，便不再多问，也似乎更理解了一点他们纯朴的想法。

小房间的温泉有点像内地的私汤，四周是石壁，地面凹陷形成一个池子。刚换完衣服我还是感觉很冷，可一下水立马有点热得受不了，温度估计有45℃，冒着热气的温泉水从打开的简陋阀门咕嘟咕嘟流出，一会儿，小房间同样也是烟雾缭绕，既让人舒适放松，又有点喘不过气。

昨天晚上达娃潘多到我宿舍给我送来一丸藏药，她将药用塑料纸包着，放在一个小塑料杯里，让我第二天起床后加少量的温水泡开，空腹嚼碎服用。她说这是一种名贵的藏药，能缓解天寒地冻感染风寒或者泡澡时候又出现高反，但该药一定要避光，不然就会失效。刚才达娃潘多和次仁央珍还从车上带下来好几瓶红牛和像米酒包装一样的400ml的便携装青稞酒，说泡个十多分钟就会感到口渴困倦。在这温暖的池子里，拉孜冬季的干燥和寒冷被一扫而光，最近的紧张疲惫感也瞬间被治愈。

因为水温太高，我泡了一会儿就分不清脑门上是汗水还是泉水了，便选择上去透透气。达娃潘多说别急着穿衣服，可以用她带来的毯子像藏族人一样裹起来在池边休息一会儿。就像汗蒸一样，没一会儿我就大汗淋漓，可能这就是达潘说的“把体内的病菌都带出了体外”。

我们整理好衣物出来后，看到温泉旁边建了小房子，这是可以过夜休息的小旅馆。因为明天周一，我一早要去法援窗口值班，今晚不能在这儿过夜了。达娃潘多和次仁央珍告诉我夏天泡完温泉后，很多人直接在周边搭帐篷过夜，晚上唱歌跳堆谐，喝青稞酒通宵达旦，非常热闹。

回去的路上男生开车，后座的女生都昏昏欲睡，我回忆着今天的行程，上午探访了藏刀工艺，下午又体验了一把冬日温泉，这一寒一暖，一刚一柔之间也很是有趣。

很多人应该听过曾国藩的这句话："近来见得天地之道，刚柔互用，不可偏废，太柔则靡，太刚则折，刚非暴戾之谓也，强矫而已。柔非卑弱之谓也，谦退而已。趋事赴公，则当强矫，争名逐利，则当谦退，开创家业，则当强矫，守成安乐，则当谦退。出与人物应接，则当强矫，入与妻即享受，则当谦退。"刚柔相济，可能就是曾国藩的处世哲学之一吧。

《列子·黄帝》也说过："天下有常胜之道，有不常胜之道。常胜之道曰柔，常不胜之道曰强。二者亦知，而人未之知。故上古之言：强，先不己若者；柔，先出于己者。先不己若者，至于若己，则殆矣。先出于己者，亡所殆矣……粥子曰：'欲刚，必以柔守之；欲强，必以弱保之。积于柔必刚，积于弱必强。观其所积，以知祸福之乡。强胜不若己，至于若己者刚；柔胜出于己者，其力不可量。'老聃曰：'兵强则灭，木强则折。

柔弱者生之徒，坚强者死之徒。’”

今夜无月，拉孜深邃纯粹的黑色夜空中布满繁星，大颗大颗的银色、黄色和粉红色的星星几乎快压落到我们的车顶上。在对刀和泉、刚与柔的思索之中，我们平安回到了家。

2022年12月25日

于拉孜县人民法院宿舍

4.6 菩提佛境与烟火人间

元旦到了，这次我们要在珠峰下跨年了。

拉孜县司法局的同事拉巴片多说她假期要回日喀则市区旁边的村子里看望阿爸阿妈。平时法律援藏任务量很大，我们没时间，也没车，这个假期正好有机会，坐拉巴片多的车一起去市里面逛逛。

从县城开车到市里最快也要近4个小时，一大早我们就赶到司法局出发。拉巴片多计划明天开车回来，于是昨天晚上我便开始查线路、研究攻略，打算好好利用这一天半时间，逛逛日喀则市，领略藏族聚居区的风土人情，还有大名鼎鼎的扎什伦布寺的风采。

路上虽然颠簸，不过要进城里的兴奋感早已冲刷了不适，我一路不停跟拉巴片多确认做好的攻略路线，叽叽喳喳4个小时的旅程很快就要到目的地了。道路两边的风景也从山峦草地、隔三差五出现的绵羊群牦牛群，变成零零散散的加油站、冒着白烟的工厂，再变成低矮的民居、商店小吃店。终于出现了红绿灯，拉巴片多往左打了一把方向盘，我们便从土路到了一条三车道的柏油马路上，路两边的人和车都多了起来，还开始出现四五层楼高的联排门面房建筑。突然看到了左前方路口拐角的商场外墙上挂着一个大大的绿底白色小鸟的标志“dicos”，这是西式快餐店德克士的标志，看来我们已经到了日喀则市的上海北路，即最繁华的市中心区域。

拉巴片多还要赶一段路回家，就把我放在了日喀则市上海北路的中心商场路口，他告诉我附近有很多酒店旅馆，中心商场后面还有个小吃街，下午从扎什伦布寺回来可以去这里逛逛吃东西。

我跟拉巴片多挥手告别后，便在网上预订的一家快捷酒店办理入住。前台小姑娘露出标准化的微笑，手脚麻利地登记好身份证信息，用标准的普通话指挥我找到电梯口。一切都跟在内地出差时的体验无异。

拉孜市区的中心位置很好定位，市区两条南北向的主干道从西往东分别是山东路和上海路，分别对应两个定向援助日喀则市的兄弟省市：山东省和上海市；五条东西向的主干道从北往南分别是嘎曲门塘路、曲荣门塘路、青岛路、珠峰路和扎德路。我住的酒店紧邻珠峰中路上的上海文化广场，而著名的扎什伦布寺、贡觉林卡以及市博物馆、市政府、藏南医院也都散布在这个区域。

上海支援西藏日喀则市已满27年，先后有九批六百多名援藏人才参加援藏建设，现在在日喀则随处可见上海援建的踪迹，所以日喀则也被当地人称为“西藏的小上海”。从快捷酒店出来，商场墙上的电子屏打着明星的巨幅广告海报，路两边服装店的玻璃橱窗人偶穿着时尚的毛呢大衣和长筒靴。我轻易地发现了一些熟悉的牌子——就附近的几条街而言，跟内地小城商业区的风格布局别无二致。转过一个路口，外观装修豪华的希尔顿酒店就安安静静立在一大片广场绿化后面，如果不是稍稍抬眼就能看到的不远处围绕着城市的连绵群山，这瞬间还真会使人混淆了上海和“西藏的小上海”，恍惚之间让你不知身在何处。

在日喀则市区不需要手机打车软件，出租车招手即停；上车也不用记表打卡，市区之内一律只用付起步价10块。

中午匆匆吃了一碗路边拉着三轮小车叫卖的藏族奶奶兜售的手工黄凉粉，五块一大碗的分量还多加了樟木辣酱，我在胃部灼烧感和心中迫不及待的焦灼感中，拦了一辆出租车，直奔目的地——扎什伦布寺而去。

扎什伦布寺的藏语意思为“吉祥须弥寺”，它是于1447年（明正统十二年）由一世达赖根敦珠巴建的，后为十世班禅额尔德尼驻锡之所。扎什伦布寺与位于拉萨市的噶丹寺、色拉寺、哲蚌寺合称为藏传佛教格鲁派的“四大寺”，现在也是国务院公布的第一批全国重点文物保护单位、国家5A级旅游景区。

每年藏历五月十四日到十六日，后藏各地的农牧民都会到寺里参加展佛节（晒佛节），第一天展出的是“过去佛”，即无量佛，意思是让人们缅怀过去；第二天展出的是“现在佛”，即释迦牟尼佛，让人祈祷今生的快乐；第三天展出的是“未来佛”，即强巴佛，让人憧憬向往未来。寺里有一根由一世达赖根敦珠巴为纪念释迦牟尼而修建的“展佛台”，石块的台基深入山体岩石中，巨大的台面矗立在山腰，几十公里之外都可以看见它。每到展佛节，1000多平方米的佛像都会展示在此，甚至阿里、那曲、拉萨、山南以及区外的青海、甘肃、四川的藏族群众都纷至沓来，虔诚地匍伏在佛的脚下磕长头、转经，数千顶帐篷安扎在扎什伦布寺周围，蔚为壮观。

每年藏历八月，寺内僧人还会举行“西莫钦波节”（大型神舞），前两天跳金刚神舞，由一百多人组成乐队，传说以前还会用到各种神秘法器；第三天开始唱藏戏，跳狮子舞、牦牛舞、孔雀舞、六长寿舞。僧人们根据舞蹈的内容，戴面具，穿长袍，佩彩带和刀盾，跳神驱鬼。

出租车一路穿过扎什伦布寺门口的藏香和藏珠市场，一直开到寺门口。卖票处僧侣打扮的工作人员说下午5点半前停止参观，时间还早，可以在寺里慢慢走一走。

整个寺庙依山势而建，坐北朝南，四周筑有宫墙，殿宇随山势次第衔接、错落有致，占地 15 万平方米，僧侣房舍 57 间，所有殿宇房屋共 3600 间，房舍鳞次栉比。我看着门票上的地图顺山势而上，白墙、黑窗、红顶、彩幡，圣洁、肃穆与激烈的热情裹挟着色彩扑面而来，藏传佛教和藏式建筑的特色在这里相遇碰撞又融会贯通。寺里墙体用牛奶、蜂蜜、石灰和马粪的混合物刷白，窗户都按照藏族特色粉刷成黑框，上面挂着白色或彩色的装饰布罩，可以防风防雨防晒，屋顶用红砖铺平，正殿和几个主殿的屋顶铺成金色。

扎什伦布寺也是藏传佛教格鲁派在后藏（前藏指今天的拉萨、林芝、山南大部地区，以及昌都部分地区，其中心为拉萨；后藏大致相当于今天的日喀则地区，其中心在扎什伦布寺；前后藏以岗巴拉山为界）地区最大的寺庙。格鲁派虽然在各派别中形成最晚，但其影响之大之深，是其他教派不能比拟的。

“世间安得双全法，不负如来不负卿”，西藏政治史、宗教史和文学诗歌史上的传奇人物，门巴族的六世达赖喇嘛，“情僧”仓央嘉措就是格鲁派的大活佛。不分种族和地域，似乎世界上的美丽悲剧都有同样的色彩，仓央嘉措家中世代信奉宁玛派（红教）佛教，这个教派并不禁止僧徒娶妻生子，但偏偏具有浪漫情结和反叛精神的仓央嘉措在 14 岁被选定为格鲁派五世达赖的转世灵童。

1697 年（康熙三十六年），仓央嘉措被选定为五世达赖的“转世灵童”，时年 9 月自藏南迎到拉萨，剃发受沙弥戒，取法名罗桑仁钦仓央嘉措；同年 10 月 25 日，于拉萨布达拉宫举行坐床典礼，成为六世达赖喇嘛，而其所属的格鲁派则严禁僧侣接近妇女、结婚成家。清规戒律、繁文缛节，再加上有名而无实权、受人摆布，内心郁郁的仓央嘉措索性纵情声色。后因“拉藏汗因奏废桑结所立六世达赖”而被康熙帝“诏送京师”的仓央嘉措，在押解途中行至青海湖时，打坐圆寂，享年 23 岁。

“一个人需要隐藏多少秘密，才能巧妙地度过一生，这佛光闪闪的高原，三步两步便是天堂，却仍有那么多人因心事过重而走不动。”仓央嘉措 14 年的乡村生活和后来的反叛思想以及爱与憎、苦与乐、枷锁与挣脱都化为六十多首缠绵而又富有哲理的情歌被译成《仓央嘉措情歌》，这也让他成为藏族文学史上最为杰出的诗人。

“假如真有来世，我愿生生世世为人，只做芸芸众生中的一个，哪怕一生贫困清苦，浪迹天涯，只要能爱恨歌哭，只要能心遂所愿。”我想这句诗歌可能正是他对自由与爱情的向往，也是他对强加的戒律和权谋的反叛吧。

继续往前走，整个寺庙布局的中心点就是措钦大殿。殿门外是由回廊围成的院落，大殿前部是大经堂，经堂的中央是班禅的宝座，经堂后面的三间佛殿中，释迦牟尼殿居中，西侧是弥勒殿，东侧为度母殿。

走进释迦殿，正面有一个5米多高的释迦牟尼鎏金铜像，据说佛像体内有释迦牟尼的舍利，还有根敦珠巴（第一世达赖喇嘛，扎什伦布寺的建造者）的经师西绕森格的头盖骨以及宗喀巴（格鲁派的创立者）的头发。

东边的度母殿里供着2米高的白度母铜像，两旁还有泥塑的绿度母像。"度母"就是观世音化身，是济世度难的菩萨。

再往西走能看到弥勒殿，也称强巴佛殿，里面供着一个高11米的弥勒佛像，两旁是观音像和文殊菩萨像，据说是根敦珠巴亲手塑的，也是扎什伦布寺最古老的塑像。

在弥勒殿里，我遇到了来朝拜的一家四口——身着厚重的黑色牧民袍子、红绳将藏辫绑在头顶、佝偻着背的藏族老爷爷，彩色围裙、满头白发、胖胖的藏族老奶奶，面容黝黑瘦削、长长的麻花辫子盘在脑后的阿佳和背在她身后的小娃娃。

我侧身站在弥勒殿门口给他们让出了通道，小心翼翼地观察。他们绕着玻璃罩里的弥勒佛像一圈圈地踱步、嘴里快速地念着经文，老奶奶手中还持着转经筒。大概念了5分钟后，他们才开始一下下地叩拜，背上的小娃娃在母亲背上一上一下颠簸，但神奇的是没发出一点声音或哭泣。我悄悄地退出去，怕惊扰了这一家人虔诚的诵愿祷告。

下午寺里的游客不算多，在红院墙相间的小巷里，时不时出现擦肩而过身着红色袈裟、头戴黄帽的喇嘛。我忍不住好奇地停下来找角度抓拍，他们有的两三结队，有的手持白色经卷，路过时没有驻足、没有交流、没有相视、也没有干扰，他们不关心我从何处来，我也不在意他们将往何处去，身处吉祥须弥山上，寺庙似乎与外界社会隔绝，快门一按，定格千年。

我从措钦大殿出来，殿外一侧是一个长长的斜坡，一侧是矮房的楼顶平台。走到楼顶平台上，一对藏族母子背对着措钦大殿，席地而坐，他们沐浴着阳光吃着青稞油饼，旁边还放着一暖壶甜茶。我绕到他们身前，他们并没有抬头看我，继续沉浸享受着天赐的阳光和最自然的食物。这时侧面的斜坡上，一前一后缓缓走来两位红衣喇嘛，向下看去渐渐跟我的位置交错，也渐渐走过那对母子，走过白墙红砖，走向佛殿，走出我们世俗凡人和世俗凡间的背景，逐渐融入佛前金顶的反光和弥漫的藏香之中。

不知不觉暮气起来，气温降了下来。我裹紧帽子和围巾，加快步伐告别了扎什伦布寺，打车返回市里。

晚上吃什么呢？上午进城时我就注意到，在山东路和上海路上有很多尼泊尔餐厅。这也难怪，日喀则市是西藏第二大城市，与印度、不丹、尼泊尔三个国家交界，有三个口岸，国境线长1753 公里。因为珠穆朗玛峰北坡在中国，南坡在尼泊尔，有很多登山旅游爱好者从西藏日喀则出发，爬珠峰后再到尼泊尔中部喜马拉雅山南坡山麓博卡拉河谷上体验滑翔伞，所以日喀则的饮食和商贸文化也受到尼泊尔的影响。

我在山东中路上找到了一家招牌用汉藏双语写着“卡博拉家厨”的尼泊尔餐厅。卡博拉是尼泊尔的第二大城市，东距加德满都约 200 公里，位于珠峰南坡，但海拔仅为 900 米，基本地形为低山丘陵，河谷宽阔平坦，从珠峰到河谷的巨大海拔落差使卡博拉成了著名的旅游胜地、滑翔伞基地。

老板是藏族人，他非常热情地招呼我进门入座，主动介绍厨师是尼泊尔人，做的咖喱饭非常地道。在老板的热情推荐下我点了一份咖喱鸡肉饭套餐。很快，老板端着一个大大的猫爪形不锈钢托盘过来——一小碗红彤彤的咖喱鸡肉，一份口感像油炸过的咖喱土豆块，一份含有青豆、花椰菜、胡萝卜丁和豇豆丁的咖喱蔬菜烩，一些凉拌泡菜和一碗倒扣的长米饭，另外还赠送了一杯靠颜色和味道分辨不出成分的榨果蔬汁。量还是挺足的，如果咖喱套餐里的米饭和配菜吃完了，可以喊忙碌穿行于食客间的藏族服务员小姑娘免费续加。我没去过尼泊尔，不知道这顿咖喱饭地不地道，但在元旦的傍晚，在 4 个小时的车程和一下午在寺庙参观走动的疲惫倦怠感的加持下，这些浸透了咖喱味儿的鸡块和烩杂菜简直就是人间珍馐，略带辛辣的口感刺激着活跃的味蕾，也刺激着跳动的神经，这恐怕就是凡尘俗世里真真切切的烟火美好吧。

吃饱喝足，我在走回酒店的路上路过一个农贸市场，里面除了卖粮油、糌粑饼，还卖衣物鞋帽甚至日化用品。正对着市场门外，坐着一个卖自家酿青稞酒的藏族老爷子，他的脚边放着十来桶矿泉水瓶和老式塑料油壶，摊位上还放着一些用塑料袋包着的白白的食物，估计是自家做酥油剩的奶渣子。

旁边一家藏式点心店吸引了我的注意，店里墙壁上贴着大大的招牌“白海螺咔嚓”。

“白海螺”是“吉祥八宝”之一。“吉祥八宝”包括八福金轮——佛法圆轮、白海螺——佛音吉祥、宝伞——遮蔽魔障、宝幢——自心清净、莲花——神圣纯洁、宝瓶——福智圆满、金鱼——复苏健康、盘长结——回贯通明，简称为“轮、螺、伞、盖、花、缸、鱼、肠”，是佛家常用的象征吉祥的八件器物。其中，白海螺是藏传佛教里用来吹奏的法器，被视为名声远扬三千世界之象征，也象征着达摩回荡不息的声音。

那“咔嚓”又是什么呢？走进店里仔细看了一下，这种叫作“咔嚓”的点心原来就是用酥油、菜油、猪油等炸成的面食，类似麻花、油条之类的“油炸果子”。店里摆放的“咔嚓”有耳朵形、蝴蝶形、条形、方形、圆形，底色是过完油的黄色，有的还裹上五颜六色的砂糖。这种“咔嚓”好像都没有馅儿，我问老板怎么吃，老板连比画带说地演示给我——直接吃，还往我手里塞了半块盘成饼子状的，充满期待地让我这会儿就尝一尝。一口咬下去有点硬，没想象中的那么甜，可能是刚吃饱了晚饭，也没尝出太多其他丰富的味道。我讪讪地笑笑走出去跟大姐说“下回再买”，也不知道藏族大姐有没有听懂我走前这句标准的汉族式道别。

继续走在回酒店的路上，转过一个路口，突然有点后悔刚才没买一兜什锦口味的“咔噻”带走。在拉孜县城街上似乎没看到过有卖这个的小店，说不定等明天带一兜回拉孜，换个场景换个胃口又能尝出不一样的风味了。回头看了下已经走过的路口又已经亮起了红灯，算了，很多东西随缘，下次如果再遇到了就再尝尝。

洗个热水澡，拎着旅馆里的挂墙式吹风机吹干了头发，睡前也没忘记打开屋里配置的制氧机。生死之外，哪桩不是闲事，望一夜安睡。

“好多年了，你一直在我的伤口中幽居，我放下过天地，却从未放下过你，我生命中的千山万水，任你一一告别。世间事，除了生死，哪一桩不是闲事。”——仓央嘉措

2023 年 1 月 1 日

于日喀则市商旅酒店

第五章　结语·再见，拉孜

5.1 于飞机上·再见拉孜

2022年7月19日到2023年1月18日，我们作为国浩律师（拉孜）事务所第一批援藏公益律师，来到了首期公益法律援助服务期的最后三天。整理、汇报、交接和告别，恋恋不舍、依依惜别，身体已经完全适应了高原的稀薄空气，心也就逐渐落地生根在了这里……

不得不说再见了，再见拉孜县司法局的巴桑卓嘎局长、任志鑫副局长，漂亮的司法局藏族姑娘次仁央宗、宗曲、次丹央宗、格桑普赤、拉巴片多，热心负责的男同事旦增塔杰、扎西次仁……感谢你们的指导、协助和一路陪伴，才能让国浩顺利在拉孜有了安身之地得以如期开张，才能让初来乍到的我们顺利完成每一项公益服务任务，在首个公益法律援助期内收获满满。

再见了，日喀则市司法局的李松局长、张宏副局长、罗布顿珠副局长、巴桑副局长，还有各科室的同事们洛桑、程欢、罗顿、拉巴加布、周理剑、李国玉……感谢你们一次又一次不厌其烦地帮我们整理、对接国浩拉孜办公室设立文件，还帮我们三名律师的执业资格证转入事宜。从 2022 年 6 月开始进行筹备的早期对接工作，到这半年期间的各项援藏工作的开展，你们就像日喀则市全体派驻援藏律师的“大家长”，一直紧密关注着大家的工作进度，又会在第一时间帮我们协调解决遇到的任何困难。

再见了，拉孜县法院的程东旭院长、次旦多杰副院长、边珍副院长、向巴土多法官、罗布旺堆法官、扎西平措法官、德吉央宗法官、拉巴法官，再见了法官助理和书记员桑姆、旦曲、次仁央珍、达娃潘多、白玛曲珍，藏族小伙子旦增朗珠……你们作为司法者的专业精神和敬业品质以及在诉讼审判中的公正审判和娴熟的组织调解，让我们对藏族聚居区法治建设更加具有信心、信念更加坚定，也让我们在这里的公益法律援助输出有了强大的支撑。再见了，法院职工食堂的大厨杨师傅，感谢你在疫情期间对大家的照顾，不分早晚给提供志愿服务的晚归的同事们做热乎的饭菜，我以后肯定会想念你做的包子、饺子和川味泡菜，这些佳肴不仅温暖了我们的胃，也在无数个疲劳晚归的夜晚温暖了我们的心。

再见了，拉孜县检察院的尕藏桑杰检察长、杨建副检察长、索朗扎西检察官、落登贡呷检察官、格桑德吉检察官、金巴卓嘎检察官、检察官助理曹镇山和可爱的藏族姑娘巴桑仓木决……

我们同车会见当事人、见证认罪认罚，公益诉讼中你为检方我为辩方，咱们控辩对立的每次交锋，都能碰撞出更有利于当事人合法权益的保护，也更直观地共同维护着公平正义的法律天平不向任何一方倾斜。再见了，定日县检察院的吉宗检察官和杨翠军检察官助理、杨森检察官助理……你们为了保障当事人的合法权益，不辞劳苦找到身在拉孜的我们提供法援的精神也令人动容，有了你们的坚持和执着，相信未来会有越来越多的法学才俊扎根当地服务藏族群众，也相信未来西藏法治的土壤也能培养出更多本土的法律人才。

再见了，拉孜县委书记席付平书记、索旦县长、杨健副县长、杨志强副县长、政法委书记米久书记、交通局吴先国局长、农业局次仁局长、国土资源局次旺罗杰局长、西部城市发展投资公司的益西欧珠……从我们入驻拉孜的第一天起，你们便尽可能地为我们提供好的生活工作条件，不管是身体上的不适还是工作中的不熟悉，各部门都会争取帮我们协调资源，协助我们开展工作。在后续的政府行政法律咨询和专项培训中，大家也都耐心地为我们提供一手资料，帮助我们更深层地了解藏地的历史风俗和法律环境，正是有了你们的鼎力支持，我们才能在早期就快速适应环境提供智力输出。

再见了，并肩作战又一直关心支持着我们，来自上海市杨浦区的援藏干部、援藏医生们。第九批援藏拉孜小组组长谭铭副书记、第一批“组团式”援藏医疗队队长王俊鹏医生、第十批援藏拉孜小组组长宫爱如副书记、第二批“组团式”援藏医疗队队长李进红医生，还有同样来自上海的其他援藏干部团、援藏医生团的战友拉孜县教育局尹向前副局长、方华明医生、杨森医生、沈善宗医生、吴舜医生、孔玉明医生、潘志辉医生、叶飞医生、赵德宝医生、张立智医生、陈学飞医生……大家虽身份不同，但都背负着中央和上海市委的重大援藏使命任务，我们从万里外的上海奔赴拉孜，相聚在雪山下，也都在各自的岗位上，协力为建设社会主义现代化新拉孜作出努力。

还有好多的人想要去说再见——拉孜电器店的热心老板和店员，他们好多次帮我们免费开车运送行李搬箱子；电动车店的爱心老板，在疫情期间无偿借用十几辆电动车给志愿团做防疫服务；藏医门诊室的旺久医师，他给我科普了很多藏医知识，还给我送了防风寒的药丸；超市和菜店的老板夫妇，他们在疫情期间把大包小包的物资清点好送货上门；凉卤熟食店的四川老板，他手艺好心善，把我拉进了街道群，群里有很多县城有用的生活信息……

在我们首批援藏律师提供公益法律服务的半年里，180 多天，1000 多个工作时，国浩律师（拉孜）事务所为当地藏族群众代写诉状等法律文书 300 余份，办理刑事案件 6 件，认罪认罚案件 12 件，农民工法律援助 30 多件，政府专项咨询 6 件，还有普法讲座、下乡宣传、数不清的电话及微信咨询……当地群众逐渐熟悉、认可和信赖我们，我们也接到了第一个民事诉讼代理案件，“尚法有德，仗义担当”，国浩拉孜办公室也收获了委托人送上的第一面锦旗。

我们和国浩拉孜办公室一起成长，国浩拉孜办公室更像是一个“通道”，输出的不仅是每期几名援藏律师的公益服务，更有国浩全体律师在大后方的执业经验和智力支持。背负着藏族群众和同事们的期待，也感谢各方领导同事们的支持，我们在雪域高原上终于有了自己的执业点。

从新生儿，到蹒跚起步、慢慢成长，国浩律师（拉孜）事务所就像一颗新芽，在大家的呵护里，在喜马拉雅山下，在雅鲁藏布江边，破高原冻土而出，向阳而生，努力长成一棵参天大树，为藏族同胞们遮风挡雨，也力争在藏地高原开出法治之花……

2023 年 1 月 19 日

于西藏航空班机上